本书受2021年青海省哲学社会科学规划年度项目"青海少数民族中小学生学习国家通用语言文字的公共服务保障研究"（21028）和2022年青海民族大学研究阐释中国共产党第二十次全国代表大会精神专项课题"'大民族学'优势学科体系助力创建铸牢中华民族共同体意识典范单位路径研究——以青海民族大学为例"（ESDYJ13）以及青海民族大学政治与公共管理学院专项经费的资助

Research on Discipline Construction's Organizational Citizenship Behavior of Universities in Beijing

北京高校学科建设之大学生组织公民行为研究

薛 南 著

中国社会科学出版社

图书在版编目（CIP）数据

北京高校学科建设之大学生组织公民行为研究 / 薛南著 . —北京：中国社会科学出版社，2023.3

ISBN 978-7-5227-1636-7

Ⅰ.①北⋯ Ⅱ.①薛⋯ Ⅲ.①高等学校—学科建设—研究—北京 Ⅳ.①G642.3

中国国家版本馆 CIP 数据核字（2023）第 048406 号

出 版 人	赵剑英
责任编辑	许　琳
责任校对	谈龙亮
责任印制	郝美娜

出　　版	中国社会科学出版社
社　　址	北京鼓楼西大街甲 158 号
邮　　编	100720
网　　址	http://www.csspw.cn
发 行 部	010-84083685
门 市 部	010-84029450
经　　销	新华书店及其他书店
印刷装订	北京市十月印刷有限公司
版　　次	2023 年 3 月第 1 版
印　　次	2023 年 3 月第 1 次印刷
开　　本	710×1000　1/16
印　　张	13
插　　页	2
字　　数	205 千字
定　　价	78.00 元

凡购买中国社会科学出版社图书，如有质量问题请与本社营销中心联系调换
电话：010-84083683
版权所有　侵权必究

序

颜泽贤

薛南博士的《北京高校学科建设之大学生组织公民行为研究》一书得以出版，我作为其博士导师，颇感欣慰。寒窗苦读的三年研究成果终于得以体现，这是一件非常令人高兴的事情。

"双一流"是国家继"211工程""985工程"之后的高等教育重大战略举措，"双一流"以"中国特色、世界一流"为核心，坚持以学科为基础、以绩效为杠杆，因此"双一流"建设的关注点是高水平大学和优势学科。从教育和学校的整体发展来看，一所大学在"双一流"建设过程中，无可避免会出现"优势学科"和"普通学科"的关系及其协同发展问题。薛南的论文选取基于"普通学科"的"学生"视角，来探讨学科建设问题，有其独特性。作为一种实证性研究，本书以北京市为例，以首批"双一流"高校中普通学科学生为研究对象，探讨其学校支持感、认同感及其组织公民行为的相关问题。

薛南博士在研究中采用混合研究范式，按照解释性序列思路进行设计与研究。根据文献梳理形成概念框架拟定假设，形成调查问卷初稿；发放预测问卷，完成小规模的预测试，进行信度和效度分析；采用分层、非随机抽样方法，在相关高校和学科中进行非随机发放问卷，将所得资料利用SPSS统计软件进行资料处理与统计分析；根据研究目的和研究问题等拟定访谈大纲进行访谈；对全部访谈资料按照学术规范进行整理，并将定量研究与定性研究的最终数据进行综合、对比、交叉分析。可以说本书通过大量实证研究，得出了相对可靠的研究结论。

本书中的若干研究结论应该引起我们的关注。比如，学校管理者在日常工作中对普通学科的支持不够；普通学科学生的学校支持感不佳；学校对普通学科学生的需求关注不够；普通学科专业学生形成的学校认同感较为一般；普通学科学生的组织公民行为不太乐观等，这些结论都是我们在"双一流"建设过程中值得注意并予以调适和修正的问题。

据了解，教育部、财政部、国家发展改革委于 2022 年 2 月公布了第二轮"双一流"建设高校及建设学科名单和给予公开警示（含撤销）的首轮建设学科名单。本书从一个独特的视角对第一轮"双一流"建设所进行的研究，有一定的理论价值和实际意义。在此，祝贺薛南的研究成果出版，也感佩她的努力！

目　　录

第一章　绪论 …………………………………………………………（1）
 第一节　研究背景 ……………………………………………………（1）
  一　研究背景 ………………………………………………………（1）
  二　研究意义 ………………………………………………………（4）
 第二节　概念界定 ……………………………………………………（5）
  一　"双一流"高校 …………………………………………………（5）
  二　普通学科 ………………………………………………………（5）
  三　学校支持感 ……………………………………………………（6）
  四　学校认同感 ……………………………………………………（6）
  五　组织公民行为 …………………………………………………（6）
 第三节　研究问题与限制 ……………………………………………（7）
  一　研究限制 ………………………………………………………（7）
  二　研究问题 ………………………………………………………（7）

第二章　文献探讨 ……………………………………………………（9）
 第一节　关于"双一流"研究文献述评 ……………………………（9）
  一　"双一流"政策的历史由来 …………………………………（9）
  二　"双一流"政策的相关研究 …………………………………（14）
 第二节　学科及其相关研究的文献述评 …………………………（23）
  一　学科的基本分类 ………………………………………………（23）
  二　学科的学理界定 ………………………………………………（25）
  三　学科的建设策略 ………………………………………………（27）
 第三节　组织支持感相关研究文献述评 …………………………（33）
  一　组织支持感的内涵及构成 ……………………………………（33）
  二　组织支持感的测量与相关研究 ………………………………（36）

三　提升组织支持感的举措 ……………………………………（38）
　第四节　组织认同感研究相关文献述评 …………………………（39）
　　一　组织认同感的内涵 ……………………………………（39）
　　二　组织认同感的构面 ……………………………………（42）
　　三　组织认同感相关研究 …………………………………（45）
　第五节　组织公民行为研究之文献述评 …………………………（46）
　　一　组织公民行为的内涵 …………………………………（47）
　　二　组织公民行为相关研究 ………………………………（48）
　　三　组织公民行为构成维度 ………………………………（52）

第三章　研究设计与方法 …………………………………………（56）
　第一节　研究思路与流程 …………………………………………（56）
　　一　研究思路 ………………………………………………（56）
　　二　研究流程 ………………………………………………（57）
　第二节　研究框架与假设 …………………………………………（58）
　　一　研究框架 ………………………………………………（58）
　　二　研究假设 ………………………………………………（60）
　第三节　问卷设计及调查 …………………………………………（61）
　　一　问卷设计 ………………………………………………（61）
　　二　问卷预测 ………………………………………………（66）
　第四节　问卷信度与效度 …………………………………………（67）
　　一　问卷信度 ………………………………………………（67）
　　二　问卷效度 ………………………………………………（69）
　第五节　抽样与问卷调查 …………………………………………（71）
　　一　样本抽样 ………………………………………………（71）
　　二　正式调查 ………………………………………………（72）
　　三　问卷概述 ………………………………………………（72）
　第六节　访谈调查及过程 …………………………………………（75）
　　一　访谈提纲 ………………………………………………（75）
　　二　访谈对象 ………………………………………………（77）
　　三　访谈过程 ………………………………………………（78）
　第七节　访谈资料及整理 …………………………………………（78）

一　访谈资料的转录 …………………………………………（78）
　　二　访谈资料的审核 …………………………………………（78）
　　三　访谈资料的简化 …………………………………………（79）
　　四　访谈资料的编码 …………………………………………（79）
  第八节　研究伦理 …………………………………………………（82）
　　一　选择研究对象阶段 ………………………………………（82）
　　二　研究资料收集阶段 ………………………………………（83）
　　三　研究及完成论文阶段 ……………………………………（83）

第四章　研究发现 ……………………………………………………（84）
  第一节　普通学科学生的学校支持感现况 ………………………（84）
　　一　普通学科学生感知的学校管理者的支持 ………………（84）
　　二　普通学科学生感知的学校组织公平方面 ………………（85）
　　三　普通学科学生感知的学校日常实际保障 ………………（87）
  第二节　普通学科学生感知的学校认同现况 ……………………（88）
　　一　普通学科学生的休戚感 …………………………………（89）
　　二　普通学科学生的牵连感 …………………………………（89）
　　三　普通学科学生的忠诚感 …………………………………（90）
  第三节　普通学科学生的组织公民行为现况 ……………………（90）
　　一　普通学科学生利于个体的行为 …………………………（91）
　　二　普通学科学生利于组织的行为 …………………………（91）
  第四节　不同背景变项下普通学科学生的学校支持感差异
　　　　　情况 …………………………………………………（92）
　　一　不同就读年级学生的学校支持感差异情况 ……………（92）
　　二　不同个人身份学生的学校支持感差异情况 ……………（93）
　　三　不同学科类别学生的学校支持感差异情况 ……………（93）
  第五节　不同背景变项下普通学科学生的学校认同感差异
　　　　　情况 …………………………………………………（94）
　　一　不同就读年级学生的学校认同感差异情况 ……………（94）
　　二　不同个人身份学生的学校认同感差异情况 ……………（94）
　　三　不同学科类别学生的学校认同感差异情况 ……………（95）

第六节　不同背景变项下普通学科学生的组织公民行为
差异性……………………………………………（96）
　　一　不同就读年级学生的组织公民行为差异………（96）
　　二　不同个人身份学生的组织公民行为差异………（96）
　　三　不同学科类别学生的组织公民行为差异………（97）
第七节　普通学科学生的学校支持感与学校认同感相关程度……（98）
第八节　普通学科学生的学校支持感与组织公民行为相关
程度………………………………………………（98）
第九节　普通学科学生的学校认同感与组织公民行为相关
程度………………………………………………（99）
第十节　学生的学校支持感、认同感对其组织公民行为的
预测力……………………………………………（100）

第五章　结论与建议……………………………………………（102）
　第一节　研究结论……………………………………………（102）
　第二节　改进建议……………………………………………（105）
　　一　对学校的建议………………………………………（105）
　　二　对学生的建议………………………………………（109）
　第三节　研究展望……………………………………………（112）
　　一　在研究议题方面……………………………………（112）
　　二　在研究方法方面……………………………………（113）
　　三　在研究工具方面……………………………………（113）

参考文献…………………………………………………………（114）
附录一　北京市高校入选"双一流"建设学科情况统计表……（130）
附录二　2021年学位授权自主审核单位撤销和增列学位授权
点名单……………………………………………（133）
附录三　第二轮"双一流"建设高校及建设学科名单…………（139）
附录四　给予公开警示的首轮建设学科…………………………（146）
附录五……………………………………………………………（147）

图目录

图 2-1　学科生态系统图……………………………………（30）

图 3-1　解释性序列研究思路图 ……………………………（57）

图 3-2　研究流程图…………………………………………（58）

图 3-3　研究框架……………………………………………（59）

图 3-4　研究路径 A 图………………………………………（59）

图 3-5　研究路径 B 图………………………………………（60）

图 3-6　研究路径 C 图………………………………………（60）

图 3-7　问卷成分碎石图……………………………………（70）

图 3-8　参与问卷填写的学生年级情况 ……………………（73）

图 3-9　参与问卷填写的学生类别（个人身份）情况 ……（73）

图 3-10　参与问卷填写的学生就读学科情况………………（74）

图 3-11　参与问卷填写的学生就读学科入选"双一流"
情况…………………………………………………（74）

图 3-12　访谈资料一级编码源节点图………………………（80）

图 3-13　学生访谈资料学校支持感二级编码图……………（81）

图 3-14　学生访谈资料学校认同感二级编码图……………（81）

图 3-15　学生访谈资料组织公民行为二级编码图…………（81）

图 3-16　学生访谈资料三级编码图…………………………（82）

图 4-1　学生访谈资料可视化分析图 ………………………（88）

图 4-2　学生访谈资料聚类分析图 …………………………（101）

表目录

表 3-1　咨询问卷专家学者名单 …………………………………（64）
表 3-2　咨询问卷学生名单 ………………………………………（64）
表 3-3　施测对象信息 ……………………………………………（67）
表 3-4　问卷的信度检验 …………………………………………（68）
表 3-5　组织支持问卷的结构效度检验 …………………………（69）
表 3-6　组织认同问卷的结构效度检验 …………………………（70）
表 3-7　组织公民行为问卷的结构效度检验 ……………………（71）
表 3-8　北京市"双一流"高校问卷抽样一览表 ………………（72）
表 3-9　访谈提纲初稿 ……………………………………………（75）
表 3-10　访谈提纲咨询学生名单 …………………………………（76）
表 3-11　选取访谈对象及其基本资料 ……………………………（77）
表 4-1　不同就读年级学生的学校支持感变异数分析 …………（92）
表 4-2　不同身份学生的学校支持感变异数分析 ………………（93）
表 4-3　不同学科学生的学校支持感变异数分析 ………………（93）
表 4-4　不同就读年级学生的学校认同感变异数分析 …………（94）
表 4-5　不同身份的学生在学校认同感知的变异数分析 ………（95）
表 4-6　不同学科类别学生的学校认同感变异数分析 …………（95）
表 4-7　不同就读年级学生的组织公民行为变异数分析 ………（96）
表 4-8　不同个人身份学生的组织公民行为变异数分析 ………（97）
表 4-9　不同学科类别学生的组织公民行为变异数分析 ………（97）
表 4-10　学生的学校支持感与学校认同感皮尔森相关 …………（98）
表 4-11　学校支持感与组织公民行为的皮尔森相关 ……………（99）
表 4-12　学生的学校认同感和组织公民行为皮尔森相关 ………（99）
表 4-13　学生组织公民行为的回归模型分析 ……………………（100）

第一章 绪论

第一节 研究背景

一 研究背景

国务院于 2015 年 10 月印发了《统筹推进世界一流大学和一流学科建设总体方案》（以下简称《总体方案》），2016 年国家"双一流"正式启动，根据"双一流"建设的总体方案，2017 年 1 月教育部等出台《统筹推进世界一流大学和一流学科建设实施办法（暂行）》。"总体方案"和"实施办法"明确，"双一流"建设坚持以中国特色、世界一流为核心，以立德树人为根本，支撑创新驱动发展战略、服务经济社会发展为导向，以"一流为目标、学科为基础、绩效为杠杆、改革为动力"的基本原则，加快建成一批"世界一流大学和一流学科"（以下简称"双一流"）。计划到 2020 年中国将有若干所高校进入世界一流行列，若干学科进入世界一流学科前列；到 2030 年，将有更多高校与学科晋身世界一流行列，中国将显著提升高等教育整体实力；到本世纪中叶，中国将基本建成高等教育强国。提出国家将支持和鼓励不同类型高校与学科差异化发展，总体规划，分级支持，每五年一个评选周期。

由于学科是构成一所高校的细胞和基石，是承担教学、科研和社会服务等职能的载体，直接关系到高校的生存和发展。[1] "双一流"以学科为基本单元进行建设，在新形势下更加凸显了学科的重要性。2017 年 9 月 21 日，我国首批"双一流"建设名单公布。"双一流"建设名

---

[1] 别敦荣：《"双一流"建设与大学管理改革》，《中国高教研究》2018 年第 9 期。

单以原先"985工程"和"211工程"高校为主，新纳入了一批之前未入选"211工程"的高水平院校。其中"世界一流大学"建设高校42所，"世界一流学科"建设高校95所，遴选建设的学科共计465个。根据这份名单可以发现，仅仅只有一门学科入选的高校为76所，入选两个学科的高校为25所，两者之和占到"双一流"建设高校的73.7%。这就表明，对于大多数"双一流"建设高校而言，入选的学科只是校内冒尖的优势学科，而绝大部分学科属于没有入选的普通学科。在此背景下，如何协调入选的优势学科和没有入选的普通学科之间的关系，成为了高校发展必须面对的现实问题。

由于"双一流"建设突出绩效导向，实施动态调整机制。在"双一流"建设中，一流高校需要建设一流学科，它会在办学各显性指标上为高校排名、提升社会影响力等重要方面加分，因此为了在"双一流"学科竞争中胜出，并获得各方面资源支持，部分高校的办学理念和措施产生了偏差，出台了诸如"优势学科振兴计划"等计划或措施，优先发展入选"双一流"建设的优势学科，从而在人才、投入、经费、平台等诸方面给予重点支持。由于高校内部资源的稀缺性，在"双一流"建设过程中，各学科之间的竞争日益激烈，部分普通学科不得不面临被边缘化，甚至是被削弱、合并或撤销的局面，这从近些年的动态调整和增列的学科专业名单中就可以窥见一斑，尽管有些学科有着不俗的表现，但仍然难以避免被撤并的命运，如教育学、服装设计、信息系统管理、舞蹈表演、数学等一些基础性学科被不少高校相继撤销。按照学科生态论，高校内部各学科构成一个生态系统，高校削弱或撤并部分学科的做法，严重影响到了学科生态的稳定性，就如中国高等教育学会原会长瞿振元教授所言"部分学校为了争名次，不顾学科生态[①]，盲目砍掉一些'无用'学科，或者忽略了学科的生长性，而遏制一些目前来看处于比较弱势但从长远来看较有希望的学科，这对学校的可持续发展非常不利"。按照学科生态论，高校中的各学科形成了一个学科生态系统，一流学科的成长和发展离不开普通学科，比如高水平的工科，就是以基础性的理科、文科为支撑的，所以每个学科在该生态系统中有着独特的

---

① 瞿振元：《第四轮学科评估的思考》，《光明日报》2016年11月22日第14版。

作用，在发挥高校各职能作用方面都是不可替代的。所以建设一流学科，不应该忽视普通学科。建设一流高校更不应该以削弱、合并或撤销普通学科为代价。因为学科建设的终极目的不是为了排名或者获取资源，而是为了培养人才，这就要求高校不但要发展已经入选"双一流"的优势学科，也要注重发展没有入选的普通学科，因为这些学科都是构成学生成长的重要养分，比如培养高水平工程人才，就离不开人文、外语、法律、管理等学科的滋养。另外，从学科数量上看，入选的学科毕竟属于少数学科，而没有入选的大多数普通学科则是目前高校的主要组成部分。以北京市为例，入选"双一流"的"世界一流大学"建设高校8所，"世界一流学科"建设高校26所，共计入选"双一流"建设学科162个（具体见附录一）。北京市高校入选"双一流"的学科数量稳居全国首位，尽管如此，这些高校入选的学科在本校还是属于少数学科，大部分学科没有入选"双一流"建设，因此"双一流"建设并没有关照到这些普通学科及其学生，也就是高校的绝大部分学生较难从"双一流"建设中获益。

学科建设应该满足各利益相关者的多元诉求，政府强调资源管理绩效，高校重视知识生产，社会关注学生产出标准，学生需要得到全面发展。① 因此，学科建设中除了管理者的视角之外，更应该重视学生等利益，"学生是教育的对象又是教育的主体"，② 是高校维系存在的核心要素，也是促进高校发展的支撑力量。《国家中长期教育改革和发展规划纲要（2010—2020年）》提出"把促进学生成长成才作为学校一切工作的出发点和落脚点"，正如杜玉波（2017）所言，③ "双一流"建设的首要标准是培养人才，这就要求"双一流"建设以学生的发展为出发点、以学生的成长为立足点、以学生的未来为落脚点，把学生的切身利益和需求放在学科建设首位。所以在"双一流"建设过程中，学生对于各学科的支持情况较为关注，更为关注的是自身就读学科的建设情

---

① 杨频萍等：《"双一流"建设背景下我国学科专业评价创新研究》，《高校教育管理》2018年第6期。

② 十二所重点师范大学联合编写：《教育学基础》，教育科学出版社2008年版，第136页。

③ 瞿振元：《第四轮学科评估的思考》，《光明日报》2016年11月22日第14版。

况，比如学校是否支持自己就读学科入选"双一流"、学校对各学科是否公平对待等，因为高校在"双一流"中的任何举措都直接影响到学生的个体成长与发展。

按照社会交换理论，当组织成员感知到组织对自身正向、积极的支持感时，他们会对组织产生较高的认同度、忠诚度，并对组织产生较高的承诺，从而对组织产生情感依恋并给予积极回报。反过来若成员对组织产生消极、负面的支持感体验时，对组织的承诺就会降低，对组织责任的认知就会减少，甚至会产生排斥组织等行为。换言之，组织和其成员之间的一种社会交换，是通过一方的支持来获得另一方的回报。[①] 所以，在"双一流"建设中，学生就高校对其就读学科专业的态度及其支持情况等有一种外在的感知，尤其是对于大部分没有入选"双一流"建设学科的学生而言，学校对于其就读学科的支持情况直接影响到学生个人的成长与发展。那么在新形势下，高校在推进"双一流"建设过程中，对于就读于尚未入选"双一流"建设的普通学科之学生而言，他们对于学校的支持感如何？并通过对学校的支持感知，对学校的认同感如何？那么是否可以用社会交换，通过"双一流"建设预测学生对学校有利的角色外组织公民行为呢？这需要对学生进行实证调查研究方可得知，但是通过文献梳理鲜见这些方面的研究，所以对此课题进行研究，具有较为鲜明的时代性、前沿性和战略性。

二 研究意义

"双一流"建设以学科为单位进行，而学科建设的核心在于人才培养。基于目前各高校在"双一流"建设中的举措，本书从尚未入选"双一流"建设的普通学科为出发点，就普通学科学生感知的学校支持，以及对学校的认同感及学生的组织公民行为之间的相关性进行实证研究。

[①] Rhoades, L., & Eisenberger, R, "Perceived organizational support: a review of the literature", *Journal of Applied Psychology*, Vol. 87, No. 4, 2002, pp. 698-714; Wayne, S. J., Shore, L. M., & Liden, R. C, "Perceived organizational support and leader-member exchange: a social exchange perspective", *The Academy of Management Journal*, Vol. 40, No. 1, 1997, pp. 82-111.

本书在理论方面的意义：第一，通过实证调查揭示在"双一流"建设中，各高校在普通学科建设上的普遍性做法，为普通学科建设、完善学科生态体系进行一些理论探索；第二，通过研究揭示"双一流"建设中，学生的学校支持感与学校认同感及其组织公民行为之间的关系，从而为完善高校内部治理、人才培养理论等有所贡献。

本书在实践方面的意义：第一，通过实证研究发现"双一流"建设在普通学科上的缺憾和不足，从而为国家完善"双一流"政策提供第一手证据支持；第二，针对各高校目前在"双一流"建设中的举措，预测"双一流"建设对普通学科学生的学校认同感、组织公民行为等，从而就完善高校内部治理，提高人才培养质量，促进学生的组织公民行为等提出一些改进的建议和意见。

第二节　概念界定

一　"双一流"高校

"双一流"是建设"世界一流大学"和"世界一流学科"的简称，是国家引导和支持具备一定实力的高水平院校和高水平学科瞄准世界一流，培养一流人才，产出一流成果，加快走向世界一流的战略举措。计划通过建设到2020年若干所高校和一批学科进入世界一流行列，若干学科进入世界一流学科前列；到2030年更多高校和学科进入世界一流行列，若干所高校进入世界一流高校前列，一批学科进入世界一流学科前列；到本世纪中叶，一流高校和学科的数量和实力进入世界前列。

在本书中"双一流"高校是特指首批入选国家推进"世界一流大学"或"世界一流学科"建设行列的相关高校。

二　普通学科

本书中普通学科是个相对概念，是指"双一流"建设中在同一所高校内，相对已经入选"双一流"建设行列的优势学科而言，没有入选"双一流"建设行列的则为普通学科，是在高校中其综合实力以及重要学科指标上均表现一般，比较优势不突出、发展相对较为靠后的学科。

三　学校支持感

学校支持感从组织支持感的概念引申而来。综合学者们的解释，本书认为组织支持感是指组成成员对组织重视程度、关心其福祉的总体感受。组织支持感有两个要点，一是组织是否重视成员的存在及其贡献并给予支持；二是成员对组织是否关注其福祉的感受。

在本书中，学校支持感是指在"双一流"建设过程中，普通学科学生就学校对于普通学科的支持、重视普通学科学生、关心普通学科学生福祉的总体感受。首先，学校重视普通学科及其学生并给予支持；其次，普通学科学生就学校是否关注其福祉的感受。

四　学校认同感

学校认同感从组织认同感的概念引申而来。组织认同感是一种认知层面的概念，同时还兼有情感成分等内容。综合学者们关于认同感及组织认同感的解释，本书认为，组织认同感是个体对群体或组织的向心力或同化，个体以组织成员身份来定义自我和归属组织的感知状态，将组织的使命、价值、目标等内化，并对组织产生归属和忠诚的过程。

本书中，学校认同感是指在"双一流"建设过程中，普通学科学生对其学校的向心力或同化，是学生以该学校成员身份定义自我和归属组织的感知状态，将该学校的使命、价值、目标等内化，并对该学校产生归属和忠诚的过程。

五　组织公民行为

组织成员的行为分为角色行为和角色外行为，组织公民行为原指组织成员自发的、非义务的、有益于组织运行的积极、主动、尽职和利他的角色外行为。

在本书中，组织公民行为是指普通学科学生自发的、非义务的、有益于学校运行的积极、主动、尽职和利他的角色外行为。首先，组织公民行为属于学生的角色外行为（external-rolebehavior），与学生原本的职责和要求无关；其次，组织公民行为有利于学校发展；再次，组织公民行为是学生表现出的积极主动的行为。

第三节 研究问题与限制

一 研究限制

(一) 调查样本的限制

如前文所言，截至 2019 年 8 月在全国有普通高校 2663 所，高校的层次、门类、隶属关系等都比较多样，相较于其他地方而言，北京市拥有各类普通高校 92 所，其中中央部门（包括教育部、工业与信息化部、中央办公厅、国家卫生健康委员会、应急管理部、外交部、公安部、国家体育总局、国家民委、中华妇女联合会、共青团中央、中华全国总工会、中国科学院、中国社会科学院等）主办的普通高校达到 38 所，北京市属普通高校达到 54 所。从学校的丰富性上来看，北京市高校类型丰富、门类齐全。另外，从北京市高校对我国整个高校乃至高等教育事业发展中具有示范性、前瞻性等方面的作用，以北京市高校为例进行研究相较于其他地方高校而言，其意义更为深远。而且研究者本人长期在北京工作，在研究资源获取等方面也多有便利。因此，本书以北京市"双一流"高校为例解析研究，所以就无法覆盖到其他地方所属院校，因此这样调查得到的数据就比较有限，存在代表的广泛性不足等限制。

(二) 研究内容的限制

由于我国"双一流"政策内容繁多，涉及的高校和学科范围广、波及面比较大，由于研究条件限制，本书无法做到对各高校深入且长时间的资料收集，故本书从尚未入选"双一流"的普通学科就读学生的视角，就学生的学校支持感和学生对学校的认同感及其组织公民行为之间的相关性进行研究，无法顾及"双一流"建设中的其他内容，因此在内容上有一定的限制。

二 研究问题

根据研究目的确定了本书的研究问题，主要有以下几个问题：

(一) "双一流"高校普通学科学生的学校支持感、学校认同感及组织公民行为之现况如何？

  1. 普通学科学生的学校支持感现况如何？

  2. 普通学科学生的学校认同感现况如何？

  3. 普通学科学生的组织公民行为现况如何？

  （二）"双一流"高校不同背景变项下普通学科学生的学校支持感、学校认同感及组织公民行为之差异情形如何？

  1. 不同背景变项下普通学科学生的学校支持感差异情况如何？

  2. 不同背景变项下普通学科学生的学校认同感差异情况如何？

  3. 不同背景变项下普通学科学生的组织公民行为差异情况如何？

  （三）"双一流"高校普通学科学生的学校支持感、学校认同感及组织公民行为之间的相关程度如何？

  1. 普通学科学生的学校支持感与学校认同感相关程度如何？

  2. 普通学科学生的学校支持感与组织公民行为相关程度如何？

  3. 普通学科学生的学校认同感与组织公民行为相关程度如何？

  （四）"双一流"高校普通学科学生的学校支持感与学校认同感对其组织公民行是否有预测力？

第二章 文献探讨

第一节 关于"双一流"研究文献述评

为了便于厘清"双一流"政策的由来及其相关理论探索，有必要对现有的相关研究做些文献梳理。为此，根据本书所关注的重点和内容，现将已有研究分为"'双一流'政策的历史由来"、"'双一流'政策的相关研究"两个专题进行相关成果述评。

一 "双一流"政策的历史由来

任何教育政策的出台都有其深刻的历史原因，我国高校"双一流"政策是在较早的"重点大学""211工程""985工程""2011计划"等政策上发展而来，以下就"双一流"建设政策由来做简要介绍。

1. 重点大学建设

中华人民共和国成立之初，百业待兴，各行各业都需要一批高素质人才，但是当时国家教育财政经费严重不足，无力支撑数百所高校办学的现实需求。为恢复和发展国民经济、实现工业化建设需要，在全面学习苏联模式实行高度集中的计划经济体制和管理模式的基础上，决定采取"集中力量办大事"的策略挑选一批综合实力较强的高校进行重点建设，率先建设一批"全国重点大学"，从而依托这些重点建设的高校为其他高校提供各方面支持，这是一种在教育经费紧缺时代的权宜之计。但是这种重点建设为后续的高等教育发展产生了较大影响。

1954年经国务院批准、高等教育部发布了《关于重点高等学校和专家工作范围的决议》，"全国重点大学"的主要任务就是培养研究生、举办培训班、培养师资、帮助高等教育进行重点实验室建设等相应工作。① 1958 年随着"大跃进"的影响，全国高校的数量激增，但是与此相配套的师资水平、基础设施等软硬件条件并没有达到相应的要求，为了保证部分高校能够高质量培养师资、进行教学科研等，1959 年 5 月中共中央发布《关于在高等学校中指定一批重点学校的决定》，重点支持清华大学、北京大学等十六所高校，要求这些大学保证办学质量。1959 年 8 月，增加中国医科大学、第四军医大学等四所高校为"全国重点大学"；1960 年 10 月，增加南开大学、吉林大学等四十四所高校为"全国重点大学"；1963 年，增加厦门大学、浙江大学等四所高校，此时"全国重点大学"数量达到 68 所。经过数年建设，这些重点建设高校的办学水平有了明显提升。"文革"期间，部分重点建设高校受到冲击，部分高校被停办或撤并。1978 年 2 月，国务院发布《关于恢复和办好全国重点高等学校的意见》，受到冲击的部分重点高校得到恢复，同时也增加了部分高校。② 1979 年增列华中农学院、华南农学院等农业院校为"全国重点大学"，到此全国的重点建设高校达到 97 所。③ 严格来讲，"全国重点大学"在当时除了在招生上享有一定的优先权之外，很少能够得到实质性支持。

2. "211 工程"建设

20 世纪中后期，面对我国科学技术和教育发展水平较为薄弱的现实，国家决定推进科教兴国战略。1991 年 4 月《国民经济和社会发展十年规划和第八个五年计划纲要》明确提出，建设一批重点高校和重点学科，使其达到或接近发达国家相应水平。1993 年 2 月，中共中央、国务院发布的《中国教育改革和发展纲要》提出，面对世界技术革命的新挑战，国家要集中力量办好一百所左右的重点高校和一批重点学

---

① 何东昌：《中华人民共和国重要教育文献（1991—1997）》，海南出版社 1998 年版，第 362 页。

② 何东昌：《中华人民共和国重要教育文献（1976—1990）》，海南出版社 1998 年版，第 1597 页。

③ 中央教育科学研究所：《中华人民共和国教育大事记（1949—1982）》，教育科学出版社 1984 年版，第 510 页。

科、专业，争取在二十一世纪初期建成一批能够达到世界水平的高校和学科。① 随后，1993年7月国家教委在《关于重点建设一批高等学校和重点学科点的若干意见》中明确了推进"211工程"建设的决定。1995年，国家教委、财政部等联合发布《"211工程"总体建设规划》，明确"211工程"建设的主要任务是：完善高等教育公共服务体系，为高等教育可持续发展提供条件；重点建设若干所高校，使其达到世界先进水平；提高和改善一批高校的教学与科研基础设施水平，使其在人才培养上有显著提高等。"211工程"是建国以来，国家投资规模最大、层次最高的教育工程。该工程分三期进行建设，首批入选的高校有31所，到1998年达到68所，到2009年达到112所高校。教育部在2008年总结认为"211工程"重点建设的高校整体实力明显提高、与世界一流高校的差距逐步缩小、部分学科已经达到世界领先水平。

3. "985工程"建设

1995年5月，中共中央发布《关于加速科学技术进步的决定》，提出实施科教兴国战略，把科技与教育放在社会经济发展的重要地位，发挥高等教育在人才培养等方面的先导作用。1998年中央批准了中科院"知识创新工程"，该工程和"211工程"相比，经费支持力度更大、建设对象更加集中、建设目标更高，这对谋划"985工程"产生了推动作用。②

1998年5月，在北京大学建校100周年大会上原国家主席江泽民提出建设"若干所具有世界先进水平的一流大学"，根据这次讲话的精神，1998年12月教育部在《面向21世纪教育振兴行动计划》中，明确正式启动"985工程"建设项目。该《计划》指出，通过"全国重点大学"建设、"211工程"的建设和积累，我国部分高校已经达到或接近世界先进水平，因此集中国家财力重点支持部分学校建设世界一流高校具有重要战略和现实意义。"985工程"启动后，教育部和有关省

---

① 何东昌：《中华人民共和国重要教育文献（1949—1975）》，海南出版社1998年版，第3469页。
② 陈学飞：《理想导向型的政策制定——"985工程"政策过程分析》，《北京大学教育评论》2006年第1期。

市等共建,有34所高校列入一期建设;在一期建设的基础上,2004年6月教育部和财政部发布《关于继续实施"985工程"建设项目的意见》,启动"985工程"二期(2004—2007)建设,二期建设增列中国农业大学、中央民族大学等五所高校,列入"985工程"建设的高校达到39所。通过"全国重点大学""211工程""985工程"持续建设,重点建设的高校和学科水平显著提升,办学质量明显增强,同时培养了一批高水平人才,产出了一批前沿成果。[1] 总体来说,"211工程"的实施为后来的"985工程"建设奠定了良好的基础。作为一脉相承的国家重点建设计划,与"211工程"相比,"985工程"呈现出了三个方面的变化。

第一,建设目标和任务变化。"211工程"的建设目标是国家要集中力量办好一百所左右的重点高校和一批重点学科、专业,争取在二十一世纪初期建成一批能够达到世界水平的高校和学科。在一期建设主要侧重公共服务体系、办学条件等建设;二期、三期建设的主要任务是学科建设,使得大部分高校的整体教学、科研水平达到国内领先,力争部分学科达到世界一流水平。而"985工程"的主要目标是建设世界一流高校和学科,一期工程主要在于高校的整体建设,二期、三期工程的重点是在巩固一期成果的基础上,为创建世界一流高校奠定基础,使一批学科达到世界一流水平。第二,遴选的方式和数量变化。"211工程"的建设对象是通过专家评审和行政审核结合的方式产生的,支持的学校数量较多而广泛;而"985工程"的支持对象通过非公开竞争和行政过程产生,支持的学校数量较少且集中。第三,筹集建设资金的方式和额度的变化。由于国家教育财政经费严重不足,"211工程"采用国家、地方、部门和高校自筹等多元筹集方式解决;而"985工程"则主要是由中央政府出资,并且经费支持力度较大。比如北京大学在"211工程"一期建设中获得一亿多元经费,在"985工程"一期建设中就获得18亿元经费。[2]

---

[1] 刘宝存:《当代中国重点大学建设的回顾与前瞻》,《河北学刊》2009年第4期。
[2] 陈学飞:《理想导向型的政策制定——"985工程"政策过程分析》,《北京大学教育评论》2006年第1期。

尽管"985工程"在"211工程"的基础上进行了部分改变,但不可否认的是两者存在的一些弊端并没有彻底解决:第一是缺乏公平竞争的问题。由于"211工程""985工程"由政府认定,而且这种资格没有变动性,导致入选的高校可以获得持续的政府财政支持,而没有入选的高校则失去了发展的机会和可能,并要承受由此身份不公导致的不利结果,这就造成了这些没有入选的高校对建设项目公平性的广泛异议,从而严重挫伤了这些高校办学的积极性。第二,资源配置高度集中的问题。"211工程""985工程"建设的初始逻辑还是沿着"全国重点大学"建设的模式进行的,这作为计划经济体制的产物,计划经济注重资源配置的集中性,为了实现预期的建设目标,国家将有限的教育财政经费投向了少数高校,而没有入选的绝大部分高校则很难受到这些政策相应的支持。第三,计划经济下的政策惯性问题。如前文所述,"211工程""985工程"都是国家主导下"集中力量办大事"的体现,这样就容易形成政策惯性,挤占基层组织内部创新发展的空间,导致部分高校办学活力不足、办学成效不佳等弊端。

4. "2011计划"

鉴于"211工程""985工程"存在的问题长期无法解决,因此新形势下探索综合改革、实现协同创新,便成为新时期高等教育发展的必然课题。2011年4月,在庆祝清华大学建校100周年大会上原国家主席胡锦涛提出,我国教育需要协同创新,鼓励高校和科研机构、企业等进行深度合作,实现资源共享、协同创新,推进高校与高校、高校与企业、高校与地方政府等的深度合作。2011年12月,国家教育体制改革领导小组通过了《高等学校创新能力提升计划》,2012年3月教育部和财政部开始面向科学前沿、行业产业、区域发展以及文化创新方面,实施"高等学校创新能力提升计划"即"2011计划",该计划以构建协同创新的体制机制,联合有关要素和资源,产出一批标志性成果为目的,以四年为一个周期进行建设。2013年、2014年教育部先后认定两批共计38个"2011计划协同创新中心"。

相较于之前的"全国重点大学""211工程""985工程"建设,"2011计划"呈现出了以下几个变化:第一,进行联合组团。与"985工程"等单独支持某个高校的做法不同,构成协同创新中心的各主体不是单打独斗，而是属于组团参赛，校校、校企、校地等深度合作，相关的科研力量联合重点攻关前沿课题。第二，取消终身资格。以往的国家重点建设项目中的建设对象都是终身资格，一旦遴选为建设对象，那么这种资格就是长期存在。而"2011计划"则取消了终身制，定期对建设对象进行评价，只有完成建设目标、评估合格才能进入下一个建设周期，否则就淘汰出局，由此保持了"2011计划"的创新活力和基础。第三，破除身份限制。传统的国家重点建设项目中，都是以原有的高水平院校为基础进行政策设计，一般较难惠及普通的地方性高校等，因此这种身份成为制约许多高校发展的绊脚石。"2011计划"则以"国家急需、世界一流"为认定标准，突破身份限制，这为一般高校发展提供了机会。第四，不以拨钱为手段。传统的国家重点建设项目都是国家和地方以划拨资金为手段，先拨钱后做事，这样在现实中就存在部分高校索要并占用资金，而出现了开展工作不积极、办学成效不明显等弊端，而"2011计划"则不以划拨教育经费为手段。[①]

"2011计划"虽然更加强调非财政拨款、自主创新等，从现实来看缺乏经费支持的"协同创新中心"并没有朝着政策设计的方向发展。在此之后，国家开始淡化"211工程"、"985工程"。为配合后续的教育改革政策，2015年国家停止了"2011计划协同创新中心"的认定，2015年10月国务院印发《统筹推进世界一流大学和一流学科建设总体方案》，指出以往重点建设存在身份固化、竞争缺失、活力不足、重复交叉等问题，迫切需要统筹创新改革。2016年6月教育部宣布凡涉及"211工程"、"985工程"的文件失效，从此"211工程"和"985工程"建设退出历史舞台，"双一流"建设开始启动。

二 "双一流"政策的相关研究

国家"双一流"建设启动以来，关于"双一流"的研究持续升温，不管是学术理论界还是教育实务界对于"双一流"政策的研究越来越多。从已经搜集到的文献来看，目前的研究主要集中在四个方面。

[①] 康宁等：《"985工"转型与"双一流方案"诞生的历史逻辑》，《清华大学教育研究》2016年第5期。

1. 关于"双一流"的内涵研究

在推进"双一流"建设的过程中，学者们对什么是"双一流"、一流学科和一流高校之间的关系、一流学科与专业建设之间的关系等问题进行探索。

如前文所言，"双一流"在国家政策文本中是指世界一流高校和一流学科，那么什么是"一流"？对这个问题目前在理论上并没有明确的界定，谢维和认为"双一流"建设中的"一流"是个水平概念，体现的是办学水平，包括教学、科研和社会服务的高质量，而不是一个层次概念。① 而贺祖斌认为在"双一流"建设中的"一流"，是个"争创一流"的发展理念，是一种精神、水平和价值的追求。② 虽然学者们对"一流"具体理解各不相同，但对"一流"的目标指向却有着普遍共识，认为"一流"目标是世界性的，在世界范围内寻找参照系。③

关于世界一流高校、世界一流学科的内涵，学者们的关注点也各不相同。眭依凡和李芳芳认为世界一流高校是多种因素混合作用的结果，建设世界一流高校要注意并发挥学科、人才、资源、制度、文化和规律等六大要素。④ 周光礼和武建鑫认为在"双一流"建设中世界一流学科的标准是，从学术标准看，一流学科是国际可比的，应该拥有一流的学术队伍、一流的学生、一流的科研成果和一流的学术声誉。⑤ 从实践标准看，一流的学科要为社会经济发展服务，面向国家和区域创新体系。武建鑫认为一流学科出现在"双一流"建设方案的一刻起，就不再单纯是纯粹的学科概念，而是实现建设一流高校目标的实践载体。⑥ 目前虽然学者们对一流高校、一流学科的解释还存在分歧，但可以肯定的是

---

① 谢维和：《"双一流"政策的关键字分析》，《教育经济评论》2017 年第 4 期。
② 贺祖斌：《"双一流"建设背景下地方高校的内涵式发展》，《中国大学教学》2018 年第 9 期。
③ 卢晓中等：《"双一流"建设的中国特色与世界一流》，《国家教育行政学院学报》2018 年第 9 期。
④ 眭依凡等：《"学科"还是"领域"："双一流"建设背景下"一流学科"概念的理性解读》，《高等教育研究》2018 年第 4 期。
⑤ 周光礼等：《什么是世界一流学科》，《中国高教研究》2016 年第 1 期。
⑥ 武建鑫：《世界一流学科的政策指向、核心特质与建设方式》，《中国高教研究》2019 年第 2 期。

学科为构成高校组织的基础细胞，拥有一流学科是建设一流高校的基础，没有一流学科就没有一流高校。① 因此较为认同"办大学就是办学科",② 所以有学者在讨论一流学科和一流高校的关系时，认为一流学科和一流高校是内在统一、一体两面的关系，正如别敦荣所言从全世界来看世界一流学科都诞生在一流高校当中，没有哪所高校的学科是世界一流的而该高校却是二流甚至是三流的，所以一流高校和一流学科在本质上是一个"一流"，也就是世界一流高校。③ 对此，刘经南也有相似的观点，认为高校发展与学科水平之间呈现正相关关系，换言之，学科水平在很大程度上影响着高校的学术声誉和社会地位。④ 姚思宇和何海燕则认为一流高校与一流学科是互利共生的关系，一流高校为一流学科支持创新提供土壤，一流学科则创新知识、技术、价值、制度等，同时一流学科也助推了一流高校在这些方面的发展。⑤

关于一流学科与专业之间的关系，眭依凡和李芳芳认为学科与专业是不同的概念，二者属于上下位概念。⑥ 具体而言，学科是一个知识领域，而专业则是根据学科而形成的某个专门方向或具体化。自中世纪大学诞生以来，学科专业与高校相互依赖、无法分割。早期的高校主要以神学、医学、哲学和法律学等学科为主，从而培养专门人才。随着人们对复杂客观世界的认知加深，学科逐步分化，并据此衍生出了许多不同的学科专业。别敦荣认为"985工程"、"211工程"基本与高校的专业没有任何关系，但在"双一流"建设中，明确要求培养一流人才，特别是一流本科人才，这就与专业高度相关。⑦ 因为专业作为人才培养基

---

① 刘尧：《"双一流"建设评估困境何以突破》，《江汉大学学报》（社会科学版）2018年第2期。
② 刘献君：《大学之思与大学之治》，华中科技大学出版社2000年版。
③ 别敦荣：《"双一流"建设与大学管理改革》，《中国高教研究》2018年第9期。
④ 刘经南：《树立大学科建设理念推进一流学科的跨越式发展》，《中国高等教育》2005年第3期。
⑤ 姚思宇等：《一流大学和一流学科建设的逻辑关系》，《学位与研究生教育》2019年第1期。
⑥ 眭依凡等：《"学科"还是"领域"："双一流"建设背景下"一流学科"概念的理性解读》，《高等教育研究》2018年第4期。
⑦ 别敦荣：《"双一流"建设与大学管理改革》，《中国高教研究》2018年第9期。

本单位，都是在学科的基础上开办的，有的是在单一学科的基础上开办的，有的是在多个学科的基础上开办的，构成专业的课程都属于学科的范畴，是根据人才培养需要在学科基础上构建起来的，比如在学分制条件下，每个专业有一个人才培养方案，而每个学生也具有自己的人才培养方案，这其中涉及的学科门类更加复杂。因而专业教育的水平取决于学科的水平，换言之，学科强、专业才能强，学科与专业之间具有高度的正相关关系，一流高校、一流学科和一流专业之间是紧密结合的，无法独立分割对待。因此基于高校与学科无法分割的事实，在"双一流"建设中，是以学科为基础进行遴选确定建设对象。

2. 关于"双一流"的政策研究

在推进"双一流"建设的过程中，学者们比较关注政策设计及其实施中的相关问题。关于"双一流"建设对象的遴选，吴合文认为以往的高校重点建设都是以政治影响、历史地位、区位优势等因素作为遴选标准，由于其操作的模糊性，使得没有遴选入该重点建设系列的高校有着颇多不公平感。[①] 而"双一流"建设剑指世界一流，但"什么是世界一流"却没有定论，所以遴选标准成为"双一流"建设需要面对的挑战。而别敦荣认为"双一流"建设计划与"211工程""985工程"不一样的地方在于，"211工程""985工程"是高校全力竞争申报入选，而"双一流"建设计划由国家组织评定，不是申报竞争，国家根据战略需求进行认定，所以谁符合国家战略需要就选择谁、支持谁入选"双一流"。[②] 李立国从优质教育资源分配的视角提出目前国家"双一流"高校数量有限，而人民群众对于优质教育资源的需求却日益高涨，这是实现教育现代化必须面对的问题，而解决该问题的出路在于建设地方"双一流"高校。[③] 贺祖斌则认为目前入选"双一流"的主要是我国的顶尖高水平院校，鲜见地方高校，如果没有数量和就学人数超过百分之

[①] 吴合文：《"双一流"建设的系统审思与推进策略》，《高等教育研究》2017年第1期。
[②] 别敦荣：《"双一流"建设与大学管理改革》，《中国高教研究》2018年第9期。
[③] 李立国：《"双一流"高校的内涵式发展道路》，《国家教育行政学院学报》2018年第9期。

九十的地方高校的卓越发展,就很难建成高等教育强国。①

在"双一流"建设中,全国高校之间的竞争呈现白热化,在此过程中地方高校取得了长足发展,但是仍然面临诸如学科布局不合理、师资队伍素质欠缺、人才培养质量不高、科研水平不强等现实问题。产生这些问题与高校内部治理结构不合理、治理能力有限等有关,因此在新形势下推进包括地方高校在内的高校治理体系和能力建设是实现"双一流"建设的重要课题。② 苏永建和李冲认为"双一流"政策可能会成为影响中国未来几十年高等教育走向的核心政策,因此它的影响不仅仅是一批高校的发展路向,从更深层次上对完善中国现代大学制度也会产生深远影响。③ 因为在我国高校的内部治理结构中,资源及权力主要集中在校级党委、校长及相关的行政部门,而较为基层的教师、学生、学术组织等的利益表达不畅,从而制约了高校内部治理作用的发挥。针对这些问题,国家"双一流"建设方案,明确提出构建中国特色的现代大学制度,提出协同运行、师生参与等。因此,在新形势下,应该建立"双一流"政策的配套机制,从而推进完善现代大学制度。卢晓中和杨蕾也认为"双一流"建设的根本是要与世界一流高校相称、体现现代高校价值、彰显中国特色的一流高校文化,其关键在于制度创新,高校要从传统管理向现代治理转变,完善高校内部治理结构,坚持"党委领导、校长负责、教授治学、民主管理"为核心内容的中国特色现代大学制度。④ 别敦荣则从落实参与的角度提出,"双一流"建设对入选高校或学科而言是个全新的机会,"双一流"建设中全员参与、统筹规划是基本要求,因此应该建立全员参与机制,"双一流"建设不能只涉及入选的学科及相关学院,而应该涉及每个学科及全校师生。⑤

---

① 贺祖斌:《"双一流"建设背景下地方高校的内涵式发展》,《中国大学教学》2018年第9期。

② 陈世伟等:《"双一流"建设背景下地方高校内部治理体系和治理能力现代化研究》,《黑龙江高教研究》2019年第2期。

③ 苏永建等:《"双一流"背景下中国特色现代大学制度的挑战与应对》,《教育发展研究》2017年第13期。

④ 卢晓中等:《"双一流"建设的中国特色与世界一流》,《国家教育行政学院学报》2018年第9期。

⑤ 别敦荣:《"双一流"建设与大学管理改革》,《中国高教研究》2018年第9期。

在国家"双一流"建设方案、地方"双一流"建设方案之后，各高校也出台了各自的"双一流"建设方案。学者们通过梳理部分"双一流"高校的建设方案后同样也发现了一些共性的内容，申超和杨梦丽研究发现我国高校学科建设总体注重优势学科，建设的一流学科为国家学科评估榜单中较为前列的学科为主，整体上应用性学科数量多于基础性学科、自然科学类学科多于人文社会科学类学科。[1] 张伟和张茂聪也研究发现：第一，这些高校的建设方案文本"工程化"思维明显，在建设方案中频繁出现"项目""计划""工程"等建设性指标；第二，学科建设思维成为建设一流高校的主导思维，在诸多建设方案中明确将一流学科作为一流高校建设的目标，追求 ESI 上榜等；第三，强化了人力资源的核心地位，建设一流师资队伍成了建设世界一流高校的重要抓手；第四，改革与建设并举的特征明显，诸如深化综合改革、完善现代大学制度、健全治理体系和治理能力等。[2] 此外，学者们还对院校层面上如何推进"双一流"建设展开了研究，比如中国科学技术大学探索改革，包括坚持人才培养的"红专并进"、推进学科布局的"转型升级"、实现科学探索的"并跑领跑"、力争服务社会的"顶天立地"、实现办学模式的"科教融合"等）。[3] 北京大学在学科自我评估中，与人才培养密切契合，建立资源优化配置、优胜劣汰的机制。[4] 此外，学者们也对某些类型的高校如何进行"双一流"建设进行了探索，比如行业特色型高校属于我国高等教育体系中比较特别的一类，张来斌认为行业特色型高校在长期的实践中依托行业、服务行业办学的特色，逐渐形成了一批高水平的优势特色学科，这些学科具备了世界一流学科乃至一流高校的实力，这些学科由于高度依赖行业发展、学科结构和体系较为

---

[1] 申超等：《一流学科建设蓝图是如何描绘的——基于41所"双一流"建设高校建设方案的文本分析》，《高等教育研究》2018年第10期。

[2] 张伟等：《我国高校一流大学建设的校际经验——基于6所高校一流大学建设方案的文本分析》，《中国高教研究》2018年第5期。

[3] 杨金龙：《责任、使命、作为：新时代一流大学建设的探索与实践》，《学位与研究生教育》2018年第9期。

[4] 黄俊平等：《构建内生发展驱动的学科自我评估体系——以北京大学为例》，《学位与研究生教育》2015年第7期。

单一，学科的聚集优势并不太明显，在"双一流"建设中，行业特色型高校面临着新的机遇与挑战，在学科建设上要处理好优化"长板"创一流和补齐"短板"上水平的问题，学科发展的机制有待健全。[①] 为此，一些行业特色型高校提出了自己的"双一流"建设举措，中国传媒大学以建设"世界知名高水平传媒大学"为目标，按照"基础学科入主流、优势学科创一流"的思路强化学科建设，强化顶层设计，推进管理创新，破除制约该校发展的体制机制性障碍，以创新驱动助推世界一流高校建设；[②] 华北电力大学在"双一流"建设中以学科建设为龙头，从师资队伍、科学研究、校企合作、国际化等方面进行了有益探索。[③]

从整体上而言，学者们对于"双一流"当前的政策研究主要集中在文本分析上，缺乏对政策落实及之后相关内容的实证性、整体性的研究，比如政策的效果、对学生的影响、学生的反应等等。因此，这也是本书研究内容的重要依据之一。

3. 关于"双一流"的评价研究

按照国家"双一流"建设总体方案的要求，"双一流"建设强化绩效、动态支持，因此对"双一流"的评价就显得极为重要。目前对以什么为标准以及如何评价建设成效的问题，在理论与实务界的分歧都比较大。由于我国推进"双一流"建设的主旨是"中国特色、世界一流"，卢晓中和杨蕾认为"双一流"的目标是"世界性"的，然而当前"世界标准"没有完全意义上的"世界性"共识，或者说是共识意义上的世界标准。[④] 周光礼和武建鑫认为世界一流学科的标准需要在全球范围内寻找参照系，目前有两大参照系，一个是北美参照系，重视学术标

---

① 张来斌：《高水平行业特色型大学"双一流"建设要把握好三对关系》，《高等工程教育研究》2018年第6期。

② 段鹏等：《"双一流"建设背景下行业特色型大学的学科建设与发展》，《中国高等教育》2018年第23期。

③ 杨勇平：《高水平行业特色型大学的学科建设与内涵发展》，《高等工程教育研究》2018年第6期。

④ 卢晓中等：《"双一流"建设的中国特色与世界一流》，《国家教育行政学院学报》2018年第9期。

准、强调学术；另一个是欧陆参照系，重视学科的实际，强调国家需求。① 而谢维和则认为在"双一流"建设中，把"世界一流"理解为欧美发达国家水平是比较片面的认知，所谓"世界"包括了欧美发达国家和地区，也包括了亚非拉国家和地区，换言之"世界一流"是个相对的概念、体现不同地区的具体概念。② 由于"双一流"建设总体方案提出"采用第三方参与评价"，陈恩伦和龚洪认为第三方评价是"双一流"建设重要基础，然而国家在进行"双一流"政策设计时，并没有明确第三方评价的地位、作用和操作程序等内容，因此需要保障第三方评价在"双一流"建设中发挥作用，从而有效指导高校调适学科专业、课程布局等。③

对于第三方机构如何进行评价的问题，刘宝存和张伟则强调第三方机构作为评价主体，应当对评价机构的能力进行考核，以确保评价水平与国际标准一致，可以引入国际专业评价机构。④ 王文军等研究发现，目前世界上有七个影响较大的学科评估体系，根据评估主体和评价目的可以分为两类，一类是第三方机构的整体评估，包括教育部学位中心进行的一级学科整体评估、美国博士点评估、英国科研评估等。⑤ 另一类是一般商业公司的以排行为目的的评估，包括上海软科世界一流高校排名、QS世界高校学科排名、泰晤士高等教育（THE）世界高校学科排名、美国新闻和世界报导（U.S. News）全球高校学科排名等。⑥ 赵国栋和马瑞敏研究发现这些评估都有各自的偏好，而且指标权重各不相同，整体存在如下问题：第一，所有的指标体系都把高校的工作归结为单一的指标，这在某些学科有显著意义，而在人文社科领域则有可能出现负

---

① 周光礼等：《什么是世界一流学科》，《中国高教研究》2016年第1期。
② 谢维和：《"双一流"政策的关键字分析》，《教育经济评论》2017年第4期。
③ 陈恩伦等：《"双一流"建设第三方评价的实施构想》，《大学教育科学》2018年第3期。
④ 刘宝存等：《国际比较视野下的创建世界一流大学政策研究》，《比较教育研究》2016年第6期。
⑤ 王文军等：《"双一流"学科建设评估体系初探——基于学术表现的综合评估指数构建》，《东南大学学报》（哲学社会科学版）2018年第6期。
⑥ 王文军等：《"双一流"学科建设评估体系初探——基于学术表现的综合评估指数构建》，《东南大学学报》（哲学社会科学版）2018年第6期。

面效应；第二，科研能力指标所占比重最高；第三，教学水平没有受到足够关注；第四，声誉指标在指标体系中的重要性逐步提高；第五，目前的高校排名基本以国外高校的评价标准为基础，排名的指标体系属于"洋为中用"。① 学者们一致认为目前众多的高校排名成为了影响国家政策的重要工具，由于任何排名都具有一定的缺陷，存在夸大评估功能、扭曲评估诉求、忽略评估局限等情况，而学科评估是一个内涵丰富的概念，高校办学质量也不是通过排名的方式排出来的，而是长期建设和发展的结果，因此在办学的过程中要注意各种排行榜的干扰，当前是"双一流"建设的关键期，要扭转不科学的评价导向，克服唯论文、唯帽子等顽疾，在新形势下只有建立符合学科发展的科学的评价体系，才能实现以评促建为"双一流"建设提供质量保障。②

目前对于"双一流"建设中，构建什么样的评价体系，学者们并没有统一的答案。杨频萍等提出在"双一流"建设中，学科评估需要引导高校内涵式建设，着眼长远发展。谢维和提出要满足不同层次、类型人才的需要，引领不同地区和行业发展，支撑国家和地方不同发展战略实现的一流高校和学科建设的整体。③ 李立国根据地方高校的办学实际，提出地方性高校不应该将国内学科排名达到多少、ESI 排名进入全球前 1% 等指标作为考量，地方高校的"双一流"建设标准不同于国家"双一流"标准，而应该体现和符合地方"双一流"建设的目标与任务，从地方高等教育实际和社会经济发展需求出发建立指标体系。④ 总体来说，目前的研究不管是构建学科的评价的政策设计还是评价指标的探索，学者们较少关注到学生如何在"双一流"评价中发挥作用等问题。

---

① 赵国栋等：《世界一流大学五大评价指标体系的比较、改进及其启示》，《重庆大学学报》（社会科学版）2019 年第 5 期。

② 翟亚军等：《"双一流"建设语境下的学科评估再造》，《清华大学教育研究》2017 年第 6 期；王战军：《清理"四唯"创新"双一流"建设评价》，《中国高等教育》2018 年第 23 期；杨频萍等：《"双一流"建设背景下我国学科专业评价创新研究》，《高校教育管理》2018 年第 6 期；刘尧：《"双一流"建设评估困境何以突破》，《江汉大学学报》（社会科学版）2018 年第 2 期。

③ 谢维和：《"双一流"政策的关键字分析》，《教育经济评论》2017 年第 4 期。

④ 李立国：《"双一流"高校的内涵式发展道路》，《国家教育行政学院学报》2018 年第 9 期。

综上所述，"双一流"政策出台后，对此进行研究的文献也日益增多，综合梳理这些文献不难发现，学者们对"双一流"建设已经形成了一些基本的共识：学科作为构成高校的基本要素，"双一流"建设以学科作为着力点有其科学性，建设一流学科是建设一流高校的基础和关键。"双一流"政策作为国家在新形势下推进创新改革的重要举措，已经充分调动了地方、高校以及高校内部各方面的积极性。从落实的角度看，"双一流"建设对入选高校或学科而言是个全新的机会，因此"双一流"建设不只是涉及入选的学科及相关学院的事，而是关涉整个学校乃至全校师生，"双一流"建设应该全员参与。这些研究都为本书打下了坚实的基础，为本书的进一步深入提供了依据。

虽然我国"双一流"建设政策是在吸收以往"重点大学""211工程""985工程""2011计划"等政策的基础上而产生。但是"双一流"作为一个全新的高等教育建设举措，学者们对此研究仍有诸多不足，比如对"双一流"的内涵、外延以及相关节点和要素的探索仍然比较薄弱；国家"总体方案"明确"采用第三方参与评价"，那么如何评价、评价的标准是什么？学者们之间的分歧比较大，甚至在评价体系中如何体现学生的意见和要求等较为关键的问题，鲜有研究的相关文献；在"双一流"建设中如何以学生为本进行建设等，同样也缺乏相关的研究。另外，从研究方法的角度看，"双一流"建设作为具有较强实践性的研究内容，需要基于第一手资料的调查研究、案例研究等的支撑，但通过梳理现有文献发现，目前的研究大多是思辨性的研究，比较缺乏实证性的研究。学生作为"双一流"建设的直接利益相关者，他们的认知和感受等是检验"双一流"建设的重要方面，但目前鲜见这方面的调查研究。因此，在"双一流"建设中对学生的实证研究就具有基础性、前沿性和战略性，进行研究具有较强的理论和实践价值。

第二节 学科及其相关研究的文献述评

一 学科的基本分类

学科是指在特定科学领域中，或者某一门科学的研究方向，但它并非普通的大学专业设置,而是一种相对独立的知识体系。学科在发展中更多获益于交叉边缘地带的突破创新,也包括自我增长。因此,在经历了漫长的演进过程后,衍生出不同的学科资源配置方式,因而为学科及学科分类发展奠定运行基础。早期由于人类文化水平的局限性,科学研究还没有分类学科,为了深入探索问题根源,人类渐渐开始划分科学研究方向,于是研究方向逐渐形成学科。

有学者研究发现,学科分类最早可追溯到古希腊。柏拉图认为各种工艺都是低贱、机械性的学习,并不能达到所寻求的那种善的学习。亚里士多德把科学(science)划分为三类,一是实践型(practical)科学,二是生产型(productive)科学,三是理论型(theoretical)科学。亚里士多德与柏拉图的学科分类的标准都是依托于学科与其本质的关系。[①]

分类是学术研究的基础方法,好的分类必须建立起清晰的分类标准,并严格执行这一标准。但是在学科建设实践中,由于知识存在着多种性质,因而不同的视域下会产生不同的分类。[②] 有学者认为学科分类并不仅仅是单纯的学术行为,而是包含着深层次的制度设计。中外学科分类在其主体、形式、过程以及结果和运用等方面都存在着显著差异,并形成不同模式。[③]

在现代社会,学科按照研究对象、派生来源、研究特征、研究目的和目标、研究方法等几个方面进行分类。在教育实践中,我国高校现行的学科分类主要分为三层:第一层大的学科门类,共有 13 个;第二层为每个学科门类下设的一级学科,共有 111 个(不含军事学);第三层是二级学科,将其设立在一级学科下,目前共有 375 个二级学科。在 2011 年国务院学位委员会、教育部印发的《学位授予和人才培养学科目录(2011 年)》中说明一级学科是根据科学研究对象、范式、知识体系和人才培养的需要划分的学科分类体系,是具有共同理论基础或研究领域相对一致的学科集合。一级学科原则上按学科属性进行设置。二

[①] 姚兴富:《西方文化传统中的学科分类与人文教育》,《现代交际》2016 年第 21 期。

[②] 杜育红等:《学科分类与教育量化研究质量的提升》,《华东师范大学学报》(教育科学版)2019 年第 4 期。

[③] 张胤:《制度视域下的学科分类研究》,《研究生教育研究》2013 年第 5 期。

级学科是根据科学研究对象、知识体系和人才培养的需要，在一级学科内进一步划分的若干种既相关又相对独立的学科、专业，是组成一级学科的基本单元。二级学科目录每 5 年编制一次，供学位授予单位实施人才培养时参考。

2011 年版的学科目录中，我国将学科分为哲学、经济学、法学、教育学、文学、历史学、理学、工学、农学、医学、管理学、艺术学 12 个学科门类（不含军事学），一级学科由修订前的 73 个增加到 92 个；二级学科由修订前的 635 种调减到 506 种。2012 年教育部修订的本科专业目录和专业设置管理规定及《普通高等学校本科专业目录（2012 年）》，进一步扩大和落实了高校本科专业设置自主权。之后教育部根据普通高等学校专业设置与教学指导委员会的评议结果，确定了通过决议设置的备案专业、国家控制布点专业和新增目录外专业点名单，于 2020 年 2 月出台了最新的《普通高等学校本科专业目录（2020 年版）》。截至 2020 年，各高校共计新增备案专业有 1672 个、审批专业 181 个（含 130 个国家控制布点专业和 51 个目录外新专业），调整学位授予门类或修业年限专业 47 个，撤销专业共计 367 个。

二 学科的学理界定

学科必须首先明确使用的语境，才能在使用学科概念时防止因认知有歧义而误导行动。[①] 通过梳理文献发现，不同的学者从不同的角度看待和定义学科的概念，总体上学界对学科的定义分为三种，即知识说、组织说和规训说，下面分别进行阐述。

1. 知识说

知识说将学科定义为人类的世界认知，是一种知识结构建立起来的逻辑体系。知识说将知识作为依据，从传播、增长和分类等角度为学科进行定义，认为知识的起源是教育学与词源学，这一定义是学科内涵的根源，也是大众接受度最高的内涵。知识说是学科概念的主流定义。知识说再分类，其中分有教学科目说和学问（学术）分支说（即科学分

[①] 翟亚军：《学科分类及相关概念梳理》，《北京邮电大学学报》（社会科学版）2010 年第 2 期。

支说)。

第一,教学科目说。此类观点在语言类和教育类词典中的解析较多,比如在《中国大百科全书·教育》中说明:"学科系教育科目,也称为科目。是科学基础知识体系,且依据教学理论将其组织起来。将特定一门科学的内容组织、重组排列起来用以教学,并且达到适合学生发展水平以及机构教育所应达到的程度。第二,学问(学术)分支说。此类观点是较为宽泛的定义,认为学科是学术的分支,因此把学科限定在学术领域。第三,科学分支说。此类观点认为学科首先是科学,亦是其立论基点。三种学科定义的区别在于,教学科目说基于教学的角度,侧重于知识保存和知识传播;学问分支说基于研究的角度,侧重于知识生产和知识创新。然而三种定义的立足点都是把学科认定为知识体系,人们对其进行划分是为了满足教育与研究的需要。①

2. 组织说

组织说认为建制化是学科成熟的主要标志。学科是由研究领域制度化和建制化而产生的现象这一观点,从学科发展的历史中也得到了验证,华勒斯坦认为,"19世纪现代学科的涌现,有赖于17世纪和18世纪新建制和新践行的发展。"许多知识门类与研究领域往往就是因为"留心论述、逻辑和理念多于物质性和建制上的东西"而未能实现学科的独立与发展。②

3. 规训说

规训说认为学科具有一种规训制度的特征,从词源学上看,单词discipline同时蕴含了"知识"与"规训制度"两个含义。《牛津英语字典》中诠释,discipline为门徒和学者所属,而教义(doctrine)则为博士和教师所有。Discipline(规条)亦指寺院的规矩,逐步演变为"军队和学校的训练方法"。规训说认为,任何学科都是社会规范的体现,并表现为规训制度。福柯用儿童心理学和教育心理学及临床医学等学科

---

① 翟亚军:《大学学科建设模式研究》,科学出版社2011年版。
② [美]华勒斯坦:《开放社会科学》,刘峰译,生活·读书·新知三联书店1999年版。

验证了学科的规范性。①

以上三种学说在不同的语境下形成，各有其合理性亦有其局限性。尽管如此，学科是根据实践而不断丰满的概念，在不同的视域下，理解的差异在客观上丰富了人们对学科的认识，从而推进学科的建设实践，进而实践又完善着人们对学科的认知。

三　学科的建设策略

学科作为高校的根本，如何学科建设的策略便成为学界较为关注的问题。学者们研究发现，学科建设有一些基本特征：第一，持续性。不受外界环境变化的影响，始终坚持学科发展的连续性，恪守自身的传统，持续发挥自身优势，坚守强势学科的核心地位，学科建设围绕优势学科不断发展与扩大，这些都是世界一流大学在历史发展进程中的核心内涵。学者翟亚军通过研究发现，一流高校学科发展的水平和学科发展的时间呈现一种正相关关系，较早时期成立的学科具有深厚的积淀，因此能在发展中处于领先地位，并成为学校的主干学科，成为优势（强势）学科。② 第二，创新性。有学者提出对于基础科学学科，应该根据学术逻辑采取鼓励原创、探求新知的原则，鼓励自由探索，努力创造颠覆性创新，以求立足国际科学前沿；应该根据社会逻辑采取鼓励高新技术研究、解决社会发展关键问题的原则。③

学科建设包括知识体系的完善、组织要素及其整合，宣勇研究认为学科建设重在"建设"，"学科"和"建设"两个词合并使用，体现出了建设主体强烈的介入意愿。④ 周光礼和武建鑫认为学科建设要解决人和经费两个问题，一是人的问题。学科发展需要专门的探索者、传承者，所以学生和教师都是学科发展的主要要素；二是经费的问题。学科的发展离不开充足的经费保障，在学术史上存在无数因为经费得不到支

---

① ［法］米歇尔·福柯：《知识考古学》，谢强等译，生活·读书·新知三联书店2003年版。

② 翟亚军：《大学学科建设模式研究》，科学出版社2011年版。

③ 袁广林：《学术逻辑与社会逻辑——世界一流学科建设价值取向探析》，《学位与研究生教育》2017年第1期。

④ 宣勇：《建设世界一流学科要实现三个转变》，《中国高教研究》2016年第5期。

持而导致学科衰落的例子。① 武建鑫发现目前在实践中，各高校推进一流学科建设的策略表现为三个方面：第一是建设一流学科成为构建学科群、整合学术资源、调整学科布局的手段，为高校进行学科调整提供了机遇；第二是建设一流学科成为凝聚一流学者，包括学科带头人、学术骨干、学术团队等，形成建构高水平师资队伍的工作。第三是一流学科建设成为优化组织结构，调整学院、系所等与学科建设之间关系，实现管理重心下移、促进落实办学自主权的行动。② 宋亚峰、王世斌和郄海霞也发现，由于每个高校的办学定位、发展历史、隶属关系以及区域环境等诸多因素的影响，在高校学科发展中出现了"优势学科"、"弱势学科"、"特色学科"、"交叉学科"等之分。③ 不同学科之间相互影响和作用，从而形成了不同的学科发展模式。目前我国一流高校中有四种学科建设模式：第一，理工科与社会科学学科协同模式。此类模式以北京大学、清华大学等为代表，在学科发展中注重理科、工科和社会科学学科之间的多样化学科生态，注重学科之间的渗透，强调协同发展。第二，基础学科支撑模式。此类模式以兰州大学、中山大学为代表，主要以人文学科、社会科学类学科、自然科学类学科为主，从而为其他学科的发展奠定基础。第三，主干学科引领模式。此类模式以天津大学、东南大学、哈尔滨工业大学等以应用学科见长的高校为代表，有的高校以工科见长、有的高校以法科见长，从而以这些主干学科带动其他学科发展。第四，特色学科差异发展模式。此类模式以中国农业大学、中国海洋大学等行业特色性高校为代表，高校以某个学科为特色办学，其他学科和特色学科交叉或差异发展。

许多学者将这些模式归结为学科生态系统建设。高校学科生态系统是指在高校内部中的一定空间和时间范围内，在学科内部、学科之间以及学科与环境之间，通过各个要素的流动与循环而形成的一个统一整体。

---

① 周光礼等：《什么是世界一流学科》，《中国高教研究》2016年第1期。
② 武建鑫：《世界一流学科的政策指向、核心特质与建设方式》，《中国高教研究》2019年第2期。
③ 宋亚峰等：《我国一流大学建设高校的学科布局与生成机理》，《江苏高教》2018年第9期。

高校是由多学科构成的生态结构，而学科在多方面具有着生态系统的特征，学科间存在众多有机联系。学科的变化会在其他学科之间产生直接或间接的影响，甚至可能引发整个学校系统的变化，同时学科也具有相对独立性。尽管学科具有独特的组成内容，但各个学科之间有着明显的相互作用。学科生态系统发展理念是实现学科体系的持续发展，持续增强学科实力，需要关注各个学科、方向间的各种效应、特性，需要尊重生态系统规律，维持其相对稳定性，在此前提下研究学科方向的交叉，逐渐形成二级学科、一级学科间的学科交叉与融合，促进学科面发展和深度的不断加深。在学科生态系统的管理实施中，应该重点关注生态系统的平衡与稳定，同时促进学科之间的交叉融合，增强学科生态系统的弹性。

顾来红、郑湘晋等人认为，学科建设首先应该创建良好的学科生态环境，发现、培养、引进拔尖优秀学科带头人和创新人才，优化学科队伍结构，才能提升重点学科发展水平的支撑基础。[①] 高等教育是一个有机的、复杂的生态大系统。高等教育研究领域中的学科生态内涵是指学科的创建、发展、嬗变，彼此之间互为支撑、相互繁殖，彼此环境之间相互影响与作用的复杂生命系统。[②] 崔建华建议我国高校学科建设应该从培养优秀的学科精英、建设卓越的重点学科、投入雄厚的研究力量、增强开放的信息交流、保持良好发展的生态环境和维护良好的学术声誉等方面关注学科生态环境。[③]

学科生态系统是多学科呈现一种非线性相互作用的状态而组成的活性复杂实践系统，研究学科生态系统对研究学科生态位具有重要意义。[④] 有学者从生态学的视域对教学服务型大学学科的现状进行了研

[①] 顾来红：《学科生态：大学可持续发展的原生动力》，《中国科学报》2018年8月7日第7版；郑湘晋等：《创建和谐学科生态环境 培育优秀学科带头人和创新团队》，《教育理论与实践》2006年第26期。

[②] 崔建华：《北京高等教育的学科生态特征分析》，《北京工业大学学报》（社会科学版）2009年第9期。

[③] 崔建华：《北京高等教育的学科生态特征分析》，《北京工业大学学报》（社会科学版）2009年第9期。

[④] 刘海仁等：《基于复杂系统理论的体育学科生态位研究》，《吉林体育学院学报》2010年第26期。

究，认为其存在适应性不强、协同发展不够、生态位定位不准、群落没有形成和建设不系统等问题。罗静认为，要解决现存问题，首先需要坚持和强化学科发展的地方导向，增强其应用性，按照学科发展规律重新构建学科评价体系。① 杨辉等人研究发现，为适应外界环境的变化和需求，在学科内部学科生态应该形成雁阵效应。② 根据上述文献，学科生态系统可以总结为下图所示。

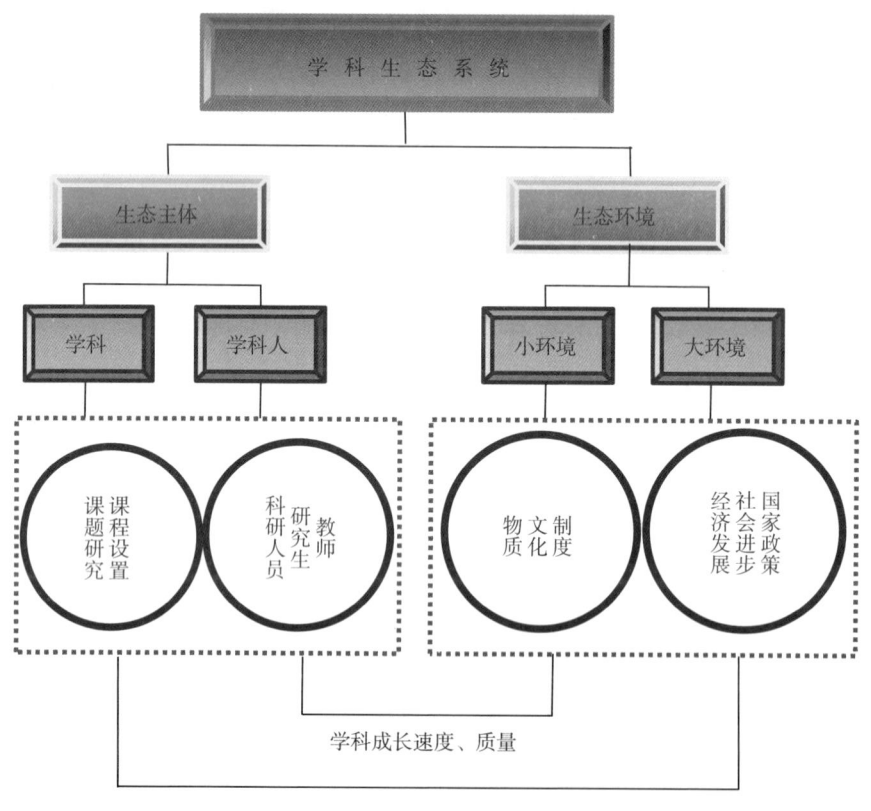

图 2-1　学科生态系统图

---

① 罗静：《教学服务型大学学科生态化发展探讨》，《贵州社会科学》2015 年第 12 期。
② 杨辉等：《"双一流"建设背景下高校学部制改革的逻辑起点、实践目标和路径选择》，《黑龙江高教研究》2019 年第 8 期。

建设一流学科的基本前提之一是具有良性的学科生态。[①] 许多学者认为,目前首先亟需突破和更新学科发展理念,并坚守自身学科特色,以争创一流为目标,坚持可持续性、系统性和协同发展的原则。比如董云川等人提出建议,学科是高等教育体系中的核心要素,其存在形式类似于丛林系统。[②] 然而我国高校的学科生长逻辑长期并未真正步入健康发展的正轨,主要原因是受制于外部因素。因此研究认为学科建设应该更多的关注创建学术生态,不要过度依赖于计划发展,而应该回归学术生长的逻辑。殷忠勇提出将"基于学科,重建大学"作为一流学科高校的建设方略,思想重建为基础,建设学科生态系统为重点,他建议以入选"双一流"建设体系的重点学科为基础和核心,重建学科生态体系,扎实建设基础,转变不同学科之间利益上相互割据、建设上相互割裂的不良状态。[③] 周统建通过研究发现,尽管学科类别不同,但彼此之间并非竞争关系,而是一种长远共生的关系。[④] 目前弱势学科在发展中遭遇各种困难,若要改变这种状况,需要以整体学科群发展为准则,重构外部的学科治理结构,各个学科之间交叉协同发展,回归学科的人才培养本位等这些方面着手实现弱势学科的突破性发展。

拥有一流学科体系是一流大学的标志之一,科学布局与发展模式是形成一流大学的基础,因此建设一流学科至关重要。宋亚峰等学者以中国 42 所一流大学建设高校为研究对象,从生态学视域发现其学科生态系统有不同层面的结构特征。研究建议双一流大学建设高校应该遵循固本培元、分而治之、系统协同、道法自然的治理逻辑,培育优势学科和特色学科,尊重学科生态系统的差异性与多样性,顺应与维护学科生态系统的动态平衡,引导学科生态系统的协同发展,以进一步推进"双一

---

① 张梅珍:《行业特色大学综合改革进程中的学科生态重构》,《中国高教研究》2015 年第 12 期。

② 董云川等:《动态、多样、共生:"一流学科"的生态逻辑与生存法则》,《江苏高教》2017 年第 1 期。

③ 殷忠勇:《基于学科,重建大学:一流学科建设高校的建设方略》,《江苏高教》2017 年第 12 期。

④ 周统建:《"双一流"建设高校如何协调发展弱势学科》,《中国高校科技》2018 年第 10 期。

流"建设并优化学科生态系统机能。① 曾亦斌等人对我国行业性院校在"双一流"政策背景下的现况进行了研究,发现院校面临着学科生态环境的衰变,存在着比如学科生态结构散乱、学科与行业的协同度减弱、学科产出降低等问题。并在学科生态治理上建议院校应该遵循学科可持续性、多样性与层级性发展及其包容性、协同性的基本逻辑原则,构建学科创新型生态。②

此外,在"双一流"建设背景下,还有一些学者就具体学科的建设提出了改进建议。比如就教师教育学科而言,朱旭东和赵英认为我国有270多所师范大学、师范学院,以及210所综合性院校进行"教师教育",因此在"双一流"建设中应该谋划教师教育学科如何办出一流、办出特色。③ 对此郝文武认为建设一流教师教育学科,就要坚持教育学学科+专业的多学科协同模式,进行学科的优化组合,根据不同对象做好教师教育学科和专业建设。④ 张立频就公安学科如何实现跨越进行了探讨,提出了公安学科要着重学科的交叉性,提升学科的学术影响力。⑤ 周佑勇则认为在新时代,中国法学学科应当走内涵式发展道路,及时更新研究内容、研究方法,加快构建和完善学科体系、学术体系和话语体系等。⑥ 杨扬则认为在学科评估对学科建设有着实际影响,人文学科相对于理工科而言属于非"实用之学",评估指标体系中的成果转化、影响因子等诸多指标对于人文学科而言有诸多不合理之处,因此需

---

① 宋亚峰等:《我国一流大学建设高校的学科布局与生成机理》,《江苏高教》2018年第9期。

② 曾亦斌等:《"双一流"建设背景下行业性院校的学科生态治理研究》,《高教管理》2010年第3期。

③ 朱旭东等:《"双一流"建设逻辑中师范院校的教师教育学科建设》,《教育发展研究》2018年第9期。

④ 郝文武:《教师教育学科建设为谁、谁建、怎样建》,《教师发展研究》2018年第4期。

⑤ 张立频:《"双一流"背景下公安学科CSSCI数据透视》,《中国人民公安大学学报》(自然科学版)2018年第4期。

⑥ 周佑勇:《新时代中国法学研究及学科发展的新任务》,《武汉大学学报》(哲学社会科学版)2019年第2期。

要针对具体学科应该有所改进。① 张晓波等认为在"双一流"建设背景下，我国临床医学学科总体发表论文数量位列世界第二，但在论文质量上仍有较大差距，面向未来需要在学科建设水平上下功夫，提高研究的质量和水平。② 刘光成和唐贤清以中国语言文学学科为例，认为一流学科建设与人才培养如何实现协同互动。③

第三节　组织支持感相关研究文献述评

组织支持感是指组成成员对组织重视其价值、关心其福祉的总体感受。这一概念提出以后，学者们进行了深入的研究，研究的重点主要在组织支持感的含义、组织支持感测量、组织支持感因果变量等方面。

一　组织支持感的内涵及构成

组织支持感是组织行为学中的一个概念，在激烈的竞争中为了保持组织和其成员之间的良好关系，1986年由心理学家Eisenberger等人在吸收前人研究成果的基础上提出了组织支持感（Perceived Organizational Support，POS）的概念，认为组织对其成员的支持可以让成员感受到一种由上而下的承诺。④ 所谓组织支持感是指组织成员对组织重视其价值、关心其福祉的总体感受。组织支持感有两个要点，一是组织是否重视成员的存在及其贡献并给予支持；二是成员对组织是否关注其福祉的感受。⑤

组织支持感是在社会交换理论的基础上产生的，社会交换理论认为

---

① 杨扬：《学科评估指标误置下的艺术学科发展难题》，《探索与争鸣》2019年第4期。
② 张晓波等：《"双一流"建设背景下临床资源整合的机制和对策研究》，《上海交通大学学报》（医学版）2018年第9期。
③ 刘光成等：《一流学科建设与人才培养如何实现协同互动》，《湖南师范大学教育科学学报》2019年第1期。
④ Eisenberger, R., Huntington, R., Hutchison, S, "Perceived organizational support", *Journal of Applied Psychology*, Vol. 71, No. 3, 1986, pp. 500–507.
⑤ Eisenberger R., Stinglhamber F., Vandenberghe C., Sucharski I. L., & Rhoades L, "Perceived supervisor support: contributions to perceived organizational support and employee retention", *Journal of Applied Psychology*, Vol. 87, No. 3, 2002, pp. 565–573.

个体与他人之间建立关系是为了实现最大的个体利益，个体愿意回报支持过自己的他人。[1] 这种交换的本质在于建立了善意或信任的基础之上，是一种互利互惠的关系。组织成员首先感知到组织如何对待自己，当组织成员感受到组织对自己的支持与关心、对自己的成长与发展中存在的问题给予解决时，内心会产生强烈的为组织做出自己应有贡献、帮助实现组织的目标，或者选择某种角色外的行为来回报组织对自己的支持等的动机，比如为组织建言献策、提供物质帮助、帮助组织规避风险等。[2] 成员感知到的组织支持感程度，直接影响着他们对于组织承诺的程度。[3] 当成员感知到组织对自身正向、积极的支持感时，他们会对组织产生较高的认同度、忠诚度，并对组织产生较高的承诺，从而对组织产生情感依恋并给予积极回报。反过来若成员对组织产生消极、负面的支持感体验时，对组织的承诺就会降低，对组织责任的认知就会减少，甚至会产生排斥组织等行为。这是组织和其成员之间的一种社会交换，通过一方的支持来获得另一方的回报，从而达成交换关系中的平衡。[4]

对于组织支持感的构成因子，目前公认的是 Rhoades 和 Eisenberger 经元分析得出的因子，分别是来自管理者或领导者的支持、组织公平、组织提供的支持条件和保障等。[5] 如果组织成员感知到组织给予了这三种形式的良好对待的话，将会对提升成员的组织支持感起到重要作用。

---

[1] Blau, P., *Exchange and power in social life*, New York: John Wiley & Sons, Inc, 1964.

[2] George, J. M., Brief, A. Pm "Feeling good doing good: A conceptual analysis of the mood at work organizational spontaneity relationship", *Psychological Bulletin*, No. 112, 1992, pp. 310-329.

[3] Bishop, J. W., Scott, D. K, Golds by M G, "A construct validity study of commitment and perceived support variables: A multi-point approach across different team environments", *Group & Organization Management*, Vol. 30, No. 2, 2005, pp. 153-180.

[4] Eisenberger R., Stinglhamber F., Vandenberghe C., Sucharski I. L., & Rhoades L, "Perceived supervisor support: contributions to perceived organizational support and employee retention", *Journal of Applied Psychology*, Vol. 87, No. 3, 2002, pp. 565-573; Wayne, S. J., Shore, L. M., & Liden, R. C, "Perceived organizational support and leader-member exchange: a social exchange perspective", *The Academy of Management Journal*, Vol. 40, No. 1, 1997, pp. 82-111.

[5] Rhoades, L., & Eisenberger, R, "Perceived organizational support: a review of the literature", *Journal of Applied Psychology*, Vol. 87, No. 4, 2002, pp. 698-714.

后来，不少学者从不同的角度对此进行补充和修正，如 Allen 等研究发现参与决策、公平对待和提供发展的机会是组织支持感的三个影响因子。[1]

1. 管理者或领导者的支持。在日常的实践中，一般组织的政策、规范等都是通过领导者的管理或治理的方式表现出来，所以组织的一些传统、规则、惯例等的延续和发展都与组织的管理者有关，所以对于组织成员而言，管理者就是组织的象征和代理人，因此组织成员把管理者视为组织支持感的重要来源。当领导者或管理者关注、关心和支持成员的成长、发展，对成员遇到的困难给予及时解决时，组织成员就会对该组织产生较强的支持感。[2]

2. 组织实际的支持和保障。现代组织中，不管是什么样的组织成员都非常在意组织对其成长与发展、自我实现的条件支持和保障，包括物质上的支持，也包括制度、精神等各方面的支持内容。这些支持体现了组织对成员的认可，这会促使成员形成较强的组织支持感。

3. 组织公平。组织公平是组织成员就组织对待他们的一种公平性感知。组织公平可以分为结果公平、程序公平和互动公平。[3] 而资源分配过程中的公平性对组织支持感的影响最大，这种公平能够在成员的组织支持感上起到累加作用。[4] 因为公平资源分配要通过一定的程序进行，因此包括规章制度上体现公平、让组织成员参与组织内部治理、尊重和信任组织成员等等。[5] 这其中就包含了结果公平、程序公平和互动

---

[1] Allen, D. G., Shore, L. M., & Griffeth, R. W, "The role of perceived organizational support and supportive human resource practices in the turnover process", *Journal of Management*, Vol. 29, No. 1, 2003, pp. 99-118.

[2] Eisenberger, R., Huntington, R., Hutchison, S, "Perceived organizational support", *Journal of Applied Psychology*, Vol. 71, No. 3, 1986, pp. 500-507.

[3] Blader, S. L., & Tyler, T. R, "What constitutes fairness in work settings? a four-component model of procedural justice", *Human Resource Management Review*, Vol. 13, No. 1, 2003, pp. 107-126.

[4] Shore, L. M., Tetrick, L. E, "A construct validity study of the survey of Perceived Organizational Support", *Journal of Applied Psychology*, No. 76, 1991, pp. 637-643.

[5] Cropanzano, R., Greenberg, J., Progression organizational justice: Tunneling through the maze. In C.L.Cooper & I.T.Robertson (eds), *International review of industrial and organizational psychology*. Oxford, England: Wiley, 1997, pp.317-372.

公平等过程。

二 组织支持感的测量与相关研究

组织支持感的测量，采用的是 Eisenberger 等在1986年开发的组织支持感问卷（Survey of Perceived Organizational Support，SPOS），该问卷共36个题项，其中18个正向计分题项、18个负向计分题项，经过在不同行业组织中的验证，表明该问卷信度和效度都比较高。由于该问卷题项过多，近些年来，国内外学者们在做实证研究时，一般采用从该问卷中抽取较高负荷的17个题项的版本，由于方便操作的原因，一些学者抽取了更少的题项或者在此基础上改编进行测试，均发现该问卷测试效果良好。[①] 比如 Kottke 等将该问卷中抽取的16个题项，将"组织"改为"主管"，其他内容均不做改动，从而形成"主管支持感问卷"（Survey of Perceived Supervisor Support，SPSS），检验结果显示 SPSS 与 SPOS 一样，信度效度良好，而且 SPSS 的内部一致性系数达到 0.98。[②] Hutchison 还对采用验证性因素分析方法发现，SPSS 和 SPOS 与组织可信任性（organizational dependability）等之间存在正相关关系。[③]

学者们利用 Eisenberger 等的问卷在企业、政府等进行了大量实证研究，发现组织支持感、组织认同感与组织公民行为之间有密切的关系[④]，沈伊默等人研究发现，组织支持感对成员的组织认同感有直接的影响[⑤]。George 和 Brief、Eisenberger、吴志明等学者研究发现，组织支持感可以使组织成员产生相应的组织公民行为，并对组织公民行为产生

[①] 许百华等：《组织支持感研究进展》，《应用心理学》2005年第4期。

[②] Kottke, J. L., Sharafinski, C. E, "Measuring perceived supervisory and organizational support", *Educational and Psychological Measurement*, Vol. 48, No. 24, 1988, pp. 1075-1079.

[③] Hutchison, S, "Perceived organizational support: Further evidence of construct validity", *Educational and Psychological Measurement*, Vol. 57, No. 6, 1997, pp. 1025-1034.

[④] 魏钧等：《组织认同的基础理论、测量及相关变量》，《心理科学进展》2007年第6期。

[⑤] 沈伊默等：《心理契约破坏感对员工工作态度和行为的影响》，《心理学报》2007年第1期。

预测作用。① 同时还对服务满意度、组织绩效、组织承诺等产生预测作用，对于成员的压力感、负面影响等有缓冲作用。②

在教育中，学者们也进行了积极探索，郝天侠（2011）研究发现，以高校教师的组织支持感、组织情感承诺及组织公民行为三者之间呈显著的正相关关系。③ 万晓红等和梁拴荣也认为组织支持感是预测组织承诺的最好指标，教师的组织支持感对组织认同感、组织公民行为有直接影响，而且在其中组织认同起着中介作用，组织认同感对组织公民行为有明显预测作用。④ 此外，还有学者对一些特殊类型的学校教师支持感进行了探究，王琪研究发现高职院校教师的组织支持感对工作满意度、职业适应起着正向的预测作用；赵强研究发现，组织支持感对中小学教师的工作敬业度有预测作用，当教师感知到学校重视自己的价值，并且关心其必要的福祉时，就会基于平等互惠的交换原则，对工作更加积

---

① George, J. M., Brief, A. Pm "Feeling good doing good: A conceptual analysis of the mood at work organizational spontaneity relationship", *Psychological Bulletin*, No. 112, 1992, pp. 310 - 329; George, J. M., Brief, A. Pm "Feeling good doing good: A conceptual analysis of the mood at work organizational spontaneity relationship", *Psychological Bulletin*, No. 112, 1992, pp. 310 - 329; 吴志明等：《基于社会交换理论的组织公民行为影响因素研究》，《人类工效学》2006年第2期。

② Eisenberger, R., Jim, C., Stephen, A. & Patrick, L, "Perceived organizational support, discretionary treatment, and job satisfaction", *Journal of Applied Psychology*, Vol. 82, No. 5, 1997, pp. 812 - 820; Chiang, C., Hsieh, T, "The impacts of perceived organizational support and psychological empowerment on job performance: The mediating effects of organizational citizenship behavior", *International Journal of Hospitality Management*, Vol. 31, No. 1, 2012, pp. 180 - 190; Marique, G., Stinglhamber, F., Desmette, D., Caesens, G. & De Zanet, F, "The relationship between perceived organizational support and affective commitment: a social identity perspective", *Group & Organization Management*, Vol. 38, No. 1, 2013, pp. 68 - 100; Jain, A. K., Giga, S. I. & Cooper, C. L, "Perceived organizational support as a moderator in the relationship between organizational stressors and organizational citizenship behaviors", *International Journal of Organizational Analysis*, Vol. 21, No. 3, 2013, pp. 313 - 334.

③ 郝天侠：《高校教师组织支持感、组织情感承诺及组织公民行为关系研究》，《西北大学学报》（哲学社会科学版）2011年第2期。

④ 万晓红等：《高校教师组织支持感与组织承诺关系研究》，《社会心理科学》2009年第2期；梁拴荣等：《教师组织支持感与组织公民行为的关系：教师组织认同的中介作用》，《江西师范大学学报》（哲学社会科学版）2014年第5期。

极，更加关心学校、关爱学生，从而回报学校给予的关心与支持。① 邹逸等人研究发现新入职教师的组织支持感、入职适应与工作投入呈现正相关关系。②

三 提升组织支持感的举措

组织支持感不是自然产生的，而是组织支持的程度和水平让成员产生了相应的支持感。因此，组织应该采取多种方式提升成员的组织支持感，主要包括：第一，采取积极主动措施。一般情况下组织在进行治理活动中会进行一些支持性措施，虽然这也能够促进成员的组织支持感，但是成员在组织提供积极主动的支持性措施条件下所感知的组织支持感比非主动的支持性措施条件下要高出许多，所以组织和管理者要采取积极主动的支持性措施，而不是被动的支持或消极支持。第二，有效传达组织管理者的支持。如前文所言，管理者或领导者作为组织的代理人，在通常情况下被视为近似的组织本身，因此管理者应该采取一切可能的措施有效传达对成员的支持，这对于成员形成组织认同感有积极促进作用。第三，重视组织公平。包括组织在日常资源分配、政策形成等过程中的公平。建立起完善、公平的程序机制，显示对组织成员福祉的关注和支持，从而增进成员的组织认同感。③

综上所述，尽管这些年来，组织支持感方面的研究已经取得了很大进展，而且针对企业、政府单位等的研究较多，也取得了较为丰硕的成果，组织支持感是指组织成员对组织重视其价值、关心其福祉的总体感受，组织对其成员一种由上而下的承诺，管理者或领导者的支持、组织公平、组织提供的支持条件和保障等维度或因子，同时组织支持感与组织认同和组织公民行为之间有着密切的关系。这些研究成果对进行本书打下了坚实的基础。通过文献梳理发现，目前在教育研究中主要对教师

---

① 王琪：《高职院校教师组织支持感与工作满意度关系研究》，《中国高教研究》2018第9期；赵强：《中小学教师的组织支持感、组织自尊与工作敬业度的关系研究》，《教师教育学报》2016年第5期。

② 邹逸等：《新教师组织支持感与工作投入关系的实证研究——以入职适应为中介》，《教育学术月刊》2017年第8期。

③ 张树连：《关于组织支持感的研究评述》，《社会心理科学》2011年第3期。

的组织支持感等研究的较多，而学生作为构成高校的重要主体，在高校内部治理中，高校对于学生的支持感如何，在新形势下，"双一流"建设中学生的学校支持感如何？等诸如此类的问题，迄今为止鲜见这方面的研究。

第四节 组织认同感研究相关文献述评

本节主要探讨认同感的内涵、认同感的发展及形成，并阐述组织认同感的构面与维度，从而作为本书的理论基础及编制组织认同感问卷的主要依据。

一 组织认同感的内涵

(一) 认同感的内涵

认同感（identification）一词源自政治理论，目前关于认同感尚无统一的定义，学者们从认知、情感等多角度进行了解释。Kagan 提出认同感是个人一种内在的认知反应，这种反应是让被认同对象的一些特性成为其心理结构的组成部分。[1] Mael 等也认为认同感是个体与组织成员的身份定义自我或归属于某种群体的感知。[2] Knippenberg 也提出认同是个体把自己以某种特征驾驭区别的自我感知，或者是由组织或群体内其他成员共有的特征等而到自我感知的过程。[3]

在 Parsons 看来，接受一种价值，是将这种价值内化于心的过程。也是心理分析上常见的，用以表示特殊情感的关系，系一个人想成为某人或组织成员的倾向。[4] Bandura 也提出认同感是将目标对象的价值、

---

[1] Kagan, J, "The concept of identification", *Psychological Review*, Vol. 65, No. 5, 1958, pp. 296–305.

[2] Mael, F. & Ashforth, B. E, "Social identity theory and the organization", *Academy of Management Review*, Vol. 14, No. 1, 1989, pp. 20–39.

[3] Knippenberg, D. V., & Vanschie, E. C, "Foci and correlates of organizational identification", *Journal of Occupational and Organizational Psychology*, No. 73, 2000, pp. 137–147.

[4] Parsons, T., The social system. New York, US: Free Press, 1951.

行为、态度等进行自我内化的过程。① Pratt 也提出当个体对于组织的认知、态度、信念等变成自我定义（self-defining）和自我参照（self-inferential）时，个体对组织的认同感就产生了。②

有学者认为认同感是隶属组织的一种情感的表达。如在 Lasswell 看来认同感就是对另一方的情感关系表达。③ Cheney 认为认同感就是个体将组织或群体元素链接的动态过程，而 O'Reilly 强调认同感是希望成为组织成员的一种参与。④ 还有学者从心理学、社会学和传播学的视角来解释"认同感"，Jackson 认为心理学上的认同感突出文化的自我概念⑤；社会学上的认同感则是社会自我与个人自我之间的连结；传播学上的认同感乃是一种传播过程，是在信息交换上的交易。在其中社会学家、心理学家以认同团体来解释个体社会化，认定了某个参照团体，就意味着社会相似，从而获得内在统一连续的确定感受。

综合以上定义，本书认为认同感是个体对群体或组织的向心力或同化，与他们在认知、情感、感知以及行为等表现上趋向于一致，从而产生的价值内化的心理过程。

（二）组织认同感的内涵

近些年来，组织认同感受到了学者们的关注。虽然组织认同感不属

---

① Bandura, A. & Waiters, R. H., Social learning and personality development. New York: Holt, Rinehart & Winston Inc, 1963.

② Pratt, M. B., "To be or not to be: Central questions in organizational Identification", In D. A. Whetten & P. C. Godfrey (Eds.), *Identity in organizations*, Thousand Oaks, CA: Sage. Balmer, & Soenen, 1998, pp. 172-178.

③ Lasswell, H. D., "The world revolution of our time: a framework for basic research", In H. D. Lasswell & D. Lerner (Eds.), *World revolutionary elites*, Cambridge: M. I. T. Press, 1965, pp. 29-96.

④ Cheney, G, "On the various and changing meanings of organizational membership: A field study of organizational identification", *Communication Monographs*, No. 50, 1983, pp. 342-362; O'Reilly, C., & Chatman, J, "Organizational commitment and psychological attachment: The effects of compliance, identification, and internalization on pro-social Behavior", *Journal of Applied Psychology*, Vol. 71, No. 3, 1986, pp. 492-499.

⑤ Jackson, P., Diversity and choice. In J. Docking (Ed.), *National school policy: Major issues in education policy for schools in England and Wales*, Onwards, London: David Fulton, 1979, pp. 113-125.

于全新的概念,而是在组织行为学中加以扩展而形成的名词。

组织认同感源自于社会认同感理论,社会认同感理论自 20 世纪 70 年代提出后,在 80 年代中期开始出现自我归类理论,该理论的焦点就是以组织成员身份对个体自我概念、态度、行为的影响。[1] 社会认同感是用于定义个体与组织或群体之间关系感受的概念,个体的认同感与其所属的组织或群体有关,是个体对自己所属组织或群体关系的价值或情绪所产生的结果。[2] 所以在每个社会组织或群体的成员身份存在的个体自我概念里,都存在对于该组织或群体的社会认同感问题。社会认同感理论对于组织认同感概念而言,组织是作为一个社会团体,在该团体中如何塑造个体的自我归属的问题,这种组织的价值就在于对其成员廓清"我是谁"的问题。

组织认同感(organizational identification)的概念最早由 Tajfel 所提出,后来 Mael 等将认同感的相关理论延伸到组织场域,认为组织认同感就是社会认同感的一种类型,是个体以组织成员身份,来定义自我和归属组织的感知状态。[3] 不同的学者从不同的角度对组织认同感进行定义,比如从归属、链接、交互的角度等。

从归属的角度,Mael 认为组织认同感是个体感知自己归属于某个组

---

[1] Turner, J. C., "The experimental social psychology of inter-group behavior", In J. C. Turner & H. Giles (Eds.), *Inter-group behavior*, Oxford: Blackwell, 1981; Turner, J. C., "Social categorization and the self-concept: A social cognitive theory of group behavior", In E. J. Lawler (Ed.), *Advances in group processes: theory and research*, Greenwich, CT: JAI press, 1985; Turner, J. C., *Rediscovering the social group: A self-categorization theory*, New York: Blackwell, 1987.

[2] Tajfel, H., *Human groups and social categories: Studies in social psychology*, New York: Cambridge University Press, 1982; Tajfel, H., & Turner, J. C., "The social identity theory of inter-group behavior", In S. Worchel & L. W. Austin (Eds.), *Psychology of inter-group relations*, Chicago: Nelson-Hall, 1986.

[3] Tajfel, H, "Social identity and inter-group behavior", *Social Science Information*, 1974, No. 13, pp. 65-93; Mael, F. & Ashforth, B. E, "Social identity theory and the organization", *Academy of Management Review*, Vol. 14, No. 1, 1989, pp. 20-39; Mael, F. & Ashforth, B. E, "Alumni and their alma mater: A partial test of the reformulated model of organizational identification", *Journal of Organizational Behavior*, No. 13, 1992, pp. 103-123.

织或群体，或是以组织成员身份来定义自己。[1]

从链接的角度，Dutton 认为个体自我定义与他所感知的组织或群体有某种相同的特质时，这种认知和情感上的链接便为组织认同感。[2] Riketta 认为组织认同感是个体链接组织的自我概念，是认知、情感的体现。[3] 因此，个体将自己认定为组织的一个组成分子，便会认同组织的价值、目标、使命，并将组织的利益和诉求等纳入自己的决策中，这表示个体对组织产生了组织认同感。[4]

从交互的角度而言，Patchen 提出组织认同感是三种内容交互生成，是个体与组织之间的链接与交互作用：第一是相似性，指个体感知到自己与组织或群体中的其他成员具有某种共性特征；第二是成员关系，指个体自我概念与组织或群体的链接程度；第三是忠诚度，指个体对于组织或群体的支持和保护程度。[5]

综上文献梳理，可以说组织认同感是一种认知层面的概念，同时还兼有情感成分等内容。综合学者们关于认同感及组织认同感的解释，本书认为，组织认同感是组织成员的自我感知或自我定义，他们在认知、情感、行为等表现上趋向于一致，将组织的使命、价值、目标等内化，并对组织产生归属和忠诚的过程。

二　组织认同感的构面

目前，关于组织认同感有很多测量工具和维度划分，学术界并未达

---

[1] Mael, F. & Ashforth, B. E, "Alumni and their alma mater: A partial test of the reformulated model of organizational identification", *Journal of Organizational Behavior*, No. 13, 1992, pp. 103–123.

[2] Dutton, J. E., Dukerich, J. M., & Harquail, C. V, "Organizational images and member identification", *Administrative Science Quarterly*, No. 39, 1994, pp. 239–263.

[3] Riketta, M, "Organizational identification: A meta-analysis", *Journal of Vocational Behavior*, No. 66, 2005, pp. 358–384.

[4] Miller, V. D., Allen, M., Casey, M. K., & Johnson, J. R, "Reconsidering the organizational identification questionnaire", *Management Communication Quarterly*, No. 13, 2000, pp. 626–658.

[5] Patchen, M., *Participation, achievement, and involvement on the job*, Englewood Cliffs, NJ: Prentice Hall, 1970.

成一致，不同的学者提出了不同的观点。通过文献梳理发现，有一维度说、二维度说、三维度说、四维度说等。

1. 单维度说

Mael 和 Ashforth 等认为，组织认同感只有一个构面，即认知维度，就是组织成员对自身身份的一种自我定义，与组织有同呼吸、共命运的感知。[1]

2. 双维度说

Tajfel 提出组织认同感有两个构面，首先是认知，就是组织成员的一种体认；其次是可评估，这个体认与其他有价值的内容是相关联的。[2]

3. 三维度说

Patchen 提出组织认同感有三个构面，分别为：第一、相似性，就是组织成员的特质与组织高度相似，或与组织其他成员有共同、共享的检验或目标等；第二，成员身份，就是指组织成员有着与组织休戚与共的情感，以身为组织成员为荣，对组织拥有强烈的归属感；第三，忠诚度，就是组织成员互相支持与忠诚，对组织拥有较高忠诚度的成员，会积极支持组织目标的达成，因此也可以理解为组织的效果。[3]

Mowday 等提出，组织认同感也有三个构面，分别是：第一，价值认同，深信并坚持组织价值与目标；第二，贡献认同，就是愿意为组织发展贡献自己的力量；第三，成员身份，就是具有强烈的成员身份意识。[4]

Meyer 等认为组织认同感也包括三个构面：第一，情感认同，是指组织成员对组织情感的依附、认同；第二，持续认同，是组织成员基于功利性成本考量，愿意继续保持成员身份；第三，规范性认同，指组织

---

[1] Mael, F. & Ashforth, B. E, "Alumni and their alma mater: A partial test of the reformulated model of organizational identification", *Journal of Organizational Behavior*, No.13, 1992, pp. 103–123.

[2] Tajfel, H., *Human groups and social categories: Studies in social psychology*, New York: Cambridge University Press, 1982.

[3] Patchen, M., Participation, achievement, and involvement on the job, Englewood Cliffs, NJ: Prentice Hall, 1970.

[4] Mowday, R. T., Porter, L. M., & Steers, L. M., *Employee organization Linkages*, The Psychology of Commitment, Absenteeism, and Turnover, New York: Academic Press, 1982.

成员基于遵守义务的价值而留在组织之中。①

Cheney 在设计问卷时,将组织认同感划分为三个维度,一是组织成员对组织有情感和归属感,并以此为荣;二是组织成员对组织保持忠诚并支持组织目标的达成;三是成员与组织分享价值及目标,并具有高度的相似性。②

Christ 等在研究教师的组织认同感及其组织公民行为时,提出组织认同感分为工作认同、团队认同、学校认同等构面。③

4. 四维度说

Gautam 等人则认为组织认同感包括四个构面:一是认知,即成员对组织成员关系的认知;二是情感,即组织成员对组织情感的链接;三是评价,即成员对组织在价值上的评估;四是行为,即成员参与组织的治理及可预期的行为表现。④

学者梁双莲认为组织认同感分为四个构面:一是休戚感,即组织成员接纳组织目标,并关注组织工作,自觉与组织融为一体;二是牵连感,组织成员经常性的参与组织治理活动,视组织工作为自己生活的组成部分,积极彰显自己在组织中的角色和作用;三是忠诚度,组织成员自认与组织目标一致,对组织工作尽忠职守,并愿意为达成组织目标贡献力量;四是疏离感,组织成员在组织中不信任他人,对组织冷淡,缺乏凝聚力。⑤

---

① Meyer, J. P. & Allen, N. J., "A three-component conceptualization of organizational commitment", *Human Resource Management Review*, Vol. 1, No. 1, 1991, pp. 61–89.

② Cheney, G., *Organizational identification as a process or product: A field study*, Unpublished master's thesis, Purdue University, 1982.

③ Christ, O., Van Dick, R., Wagner, U., & Stellmacher, J, "When teachers go the extra mile: Foci of organizational identification as determinants of different forms of organizational citizenship behavior Among school teachers", *British Journal of Educational Psychology*, Vol. 73, No. 3, 2003, pp. 329–341.

④ Gautam, T., Dick, R., & Wagner, U, "Organizational identification and organizational commitment: Distinct aspects of two relate concepts", *Asian Journal of Social Psychology*, No. 7, 2004, pp. 301–315.

⑤ 梁双莲:《中央行政机关公务人员组织认同的研究》,博士学位论文,台湾大学,1984 年。

从以上的文献梳理中可以看出，组织认同感的构面，不同的学者的切入点不同，包括认知、情感、价值、休戚感、忠诚感、牵连感等。本书认为，休戚感可以使组织成员获得安全感，牵连感使得组织成员与组织目标形成一致，忠诚感可以使组织成员支持组织发展。应该说组织成员与组织之间的互动，可以实现目标、价值等的一致，同时组织成员可以内化出对组织的情感链接，并产生休戚与共、忠诚奉献的行动。所以，休戚感、牵连感、忠诚感作为组织认同感的构面比较合适。

三　组织认同感相关研究

目前，学界对于组织认同感有着比较广泛和深入的研究，组织认同感与大量的组织现象和行为有关，这些现象包括组织决策、满意度、组织内部互动等[1]，若是个体越是以组织或群体的视角自我认定，也就越能认同组织，并且个体的行为、态度等也越会受到这种认同关系的影响。[2] 如沈伊默、姜红等通过实证研究发现，组织认同感对工作绩效有着显著正向影响，同时也对组织公民行为有显著正向影响。[3] 林庆等的研究同样也发现组织认同感是组织公民行为的因变量，组织成员的认同感越高，越容易产生组织公民行为。[4]

组织成员有高度的组织认同感的话，会表现出强烈的组织公民行为等，这一研究结论在各行业组织中得到了验证。近些年来，随着社会的发展，学者们开始关注学校这种特殊组织中各主体的组织认同问题，特别是教师的组织认同问题。张宁俊等（2013）研究发现，高校教师的职业认同对其组织认同感有显著的正影响，而其组织认同感受组织环

---

[1] Cheney, G., "The rhetoric of identification and the study of organizational communication", *Quarterly journal of speech*, Vol. 69, No. 2, 1983, pp. 143-158.

[2] Knippenberg, D. V., & Vanschie, E. C, "Foci and correlates of organizational identification", *Journal of Occupational and Organizational Psychology*, No. 73, 2000, pp. 137-147.

[3] 沈伊默：《从社会交换的角度看组织认同的来源及效益》，《心理学报》2007年第5期；姜红等：《高校教师人格特征与工作绩效的关系：组织认同的调节作用》，《教师教育研究》2017年第1期。

[4] 林庆等：《组织公平组织认同感与组织公民行为关系的实证研究》，《财务与金融》2012年第2期。

境、工作自主性等的正影响较为显著。① 杜嫱等研究发现，有三分之二的教师有离职倾向，组织认同感能够增强或弱化这种离职倾向。② 许玲燕等也发现，青年教师对高校的诸多"不适应"是其组织认同感不足所引起的，青年教师的组织认同感越低其工作满意度也就越低，进而对其职业发展产生消极影响。③ 姜红、曹兰芳等同样也研究发现④，教师的组织认同对工作满意度、工作绩效及组织公民行为均有显著的正影响。应该说学者们对于教师组织认同感的研究结论比较明确，而且从研究的深度、广度上而言，也已经达到了较高的水平。

相比较而言，学生作为构成高校的重要主体，目前鲜见关于学生的组织认同感相关研究，尤其是"双一流"建设中学生的组织认同感问题。因此，在新形势下，对"双一流"建设中的学生组织认同感进行研究有着较为深远的价值和意义。

第五节　组织公民行为研究之文献述评

随着时代变迁，尤其是环境的不确定性和复杂性条件下，组织公民行为的重要性越来越受到重视。⑤ 如何发挥好组织成员的主动性从而为组织服务便成为了当前组织必须考虑的问题，因此组织公民行为对于组织发展而言有着至关重要的价值。为了深入开展本书，有必要对组织公民行为的相关研究文献进行述评。

---

① 张宁俊等：《高校教师职业认同与组织认同关系及影响因素研究》，《教育发展研究》2013年第21期。

② 杜嫱等：《高校教师离职倾向及学术权力感知的作用》，《中国高教研究》2019年第9期。

③ 许玲燕等：《组织认同视角下高校引进青年教师的成长路径研究》，《当代教育科学》2016年第17期。

④ 姜红等：《高校教师组织认同的现状及其与工作绩效的关系》，《经济与管理研究》2015年第12期；曹兰芳：《分类管理视角下高校教师工作投入及差异研究》，《黑龙江高教研究》2019年第4期。

⑤ Van Dyne, L., & Lepine, J. A, "Helping and voice extra-role behaviors: evidence of construct and predictive validity", *The Academy of Management Journal*, Vol.41, No.1, 1998, pp.108-119.

一 组织公民行为的内涵

组织公民行为（Organizational Citizenship Behavior, OCB）最早出现在1938年Barnard提出的"想要合作的意愿"，1964年Katz将组织成员的行为分为角色行为和角色外行为，在他看来一个良好运行的组织具备三方面不可或缺的行为：第一，组织成员感知到自己归属于组织；第二，组织成员积极、可靠履行自己的角色行为和职责；第三，组织成员自发、主动的展现超越角色的行为。1983年Bateman和Organ在研究工作绩效和工作满意度时提出了组织公民行为的概念，后来Organ进行了补充和完善[1]，认为组织公民行为是指在组织成员自发的、非义务的、有益于组织运行的积极、主动、尽职和利他的角色外行为。也有学者认为组织公民行为符合社会交换理论的特点，是组织成员对组织建立在信任、认同基础上的一种回报行为。[2]

从以上定义中，可以总结出组织公民行为的主要特点：

第一、组织公民行为属于角色外行为。对于组织成员而言，每种组织成员都有特定的职责和角色，他们从事这些规定的行为属于角色内行为（internal-rolebehavior），受到组织制度的约束和规范。除了组织成员的角色内行为，组织成员从事与角色无关的行为属于角色外行为（external-rolebehavior），组织公民行为就是这种角色外行为。

第二，组织公民行为有利于组织发展。组织成员的角色外行为比较多，有些有利于组织发展，而有些则与组织发展无关。这类有利于组织发展、提升组织效能的角色外行为，才能归属于组织公民行为。

第三，组织公民行为是积极主动的行为。组织公民行为是属于角色外行为，超出了组织成员的角色要求和制度规范，因此组织成员可以选

---

[1] OrganD W. (1988b). Organizational Citizenship Behavior. Lexington, MA: D. C. Heath and Co; Organ, D. W, "The Motivational Basis of Organizational Citizenship Behavior", Research in Organizational Behavior, No. 12, 1990, pp. 43—72; Organ, D. W, "Organizational citizenship behavior: It's construct clean-up time", Human Performance, Vol. 10, No. 2, 1997, pp. 85-97.

[2] Tekleab, A. G., Takeuchi, R., Taylor, M. S, "Extending the chain of relationship among organizational justice, social exchange and employee reaction: The role of contract violations", Academy of Management Journal, Vol. 48, No. 1, 2005, pp. 146-157.

择作为或者不作为那些行为，只有当组织成员具有积极主动的回报组织等行为才能属于组织公民行为。

在学者们看来，组织公民行为对于组织发展有诸多好处。Organ 认为任何组织都不是完美的[1]，只依靠组织成员的角色行为，很难达成组织的目标。因此还需要组织成员主动地展现其角色外行为，以弥补角色行为的不足。这种组织公民行为，作为一种组织成员自发的行为，虽然没有得到组织的正式回报等，但对于组织整体的运行有着积极作用，包括形成良好的组织文化，增强成员对于组织的认同感、归属感，提升组织的社会声誉等有着积极的促进作用。[2]

二 组织公民行为相关研究

对于组织公民行为的研究，目前在组织行为学中属于比较热门的研究内容。从已经搜集的文献来看，学者们的研究主要聚焦在与组织公民行为相关联的变量、因素等方面。

在研究组织公民行为时，组织公民行为其实质就是成员之间的一种社会交换，Blau 和 Kuvaas 认为个人在组织中，受到组织的支持、情感、爱护等吸引，从而在组织认同感的基础之上，积极为组织做贡献。[3] 组织公民行为是由于受到了组织的支持与恩惠，基于社会交换关系而表现出来的一种利于组织、角色外的行为。也有学者用盟约关系解释组织公民行为，如在 Williams、Van Dyne 看来[4]，盟约关系是建立在相互支持、互相信

---

[1] Organ, D. W., *Organizational Citizenship Behavior: The Good Soldier Syndrome*, M. A: Lexington Books, 1988.

[2] Katz, D, "The Motivational Basis of Organizational Behavior", *Behavioral Science*, Vol. 9, No. 2, 1964, pp. 131–146.

[3] Blau, P., *Exchange and power in social life*, New York: John Wiley & Sons, Inc, 1964; Kuvaas, B, "An exploration of how the employee-organization relationship affects the linkage between perception of developmental human resource practices and employee out comes", *Journal of Management Studies*, Vol. 1, No. 1, 2008, pp. 1–26.

[4] Williams, L. J., Anderson, S. E, "Job satisfaction and organizational commitment as predictors of organizational citizenship and in-role behaviors", *Journal of Management*, Vol. 17, No. 3, 1991, pp. 601–617.; Van Dyne, L., Graham, J. W., & Dienesch, R. M, "Organizational citizenship behavior: construct redefinition, measurement, and validation", *The Academy of Management Journal*, Vol. 37, No. 4, 1994, pp. 765–802.

任、互利互惠的基础上,组织成员和组织之间是一种价值共享、彼此认同的系统,他们之间形成盟约不再是某种特定的交换,组织成员觉得应该履行公民责任,应该对组织服从、忠诚,并积极地参与组织的活动。学者们通过实证研究发现,组织公民行为的影响因素,包括管理者的支持、组织管理者与组织成员之间关系等。[1] Organ 区分了认知因素和情感因素,认知因素用于解释组织成员为什么会产生组织公民行为,比如组织支持感、公平感对组织成员的影响等,从而根据内心的情感体验做出某些行为,而组织公民行为便成为了调节这种情感体验的一种砝码和工具。[2] 在 Organ 和 Moorman 看来组织成员之所以展现组织公民行为[3],在很大程度上是由于组织成员感知到了组织的支持,包括程序的公平、组织使他们参与治理决策等,从而组织成员更愿意为组织考虑,行使自己的角色外职责,从而表现出更多的组织公民行为。如前文所言,组织支持感包括多个维度,组织成员在日常感知到的组织支持中的公平感显著影响其组织公民行为及其意愿。[4] 换言之,若组织成员相信自己被公平对待,那么他们就会表现出较高的组织认同,进而提高自己的组织公民行为。[5] 学者们发现,决定特定结果的程序比最终的结果更为重要,所以分配公

---

[1] Felfe, J., Franke, F, "Invited reaction: Examining the role of perceived leader behavior on temporary employees' organizational commitment and citizenship behavior", *Human Resource Development Quarterly*, Vol. 21, No. 4, 2010, pp. 343-351; Ouyang, Y., Kun, S. U, "Understanding employees' organizational citizenship behaviors through the mediating role of corporate social responsibility", *International Research Journal of Applied Finance*, Vol. 2, No. 1, 2011, pp. 29-49.

[2] Organ, D. W., *Organizational Citizenship Behavior: The Good Soldier Syndrome*, M. A: Lexington Books, 1988.

[3] Organ, D. W., Moorman, R. H, "Fairness in performance monitoring: The role of justice in mediating the relationship between monitoring and organizational citizenship behavior", *Academy of Management Journal*, Vol. 36, No. 4, 1993, pp. 527-556.

[4] Wat, D, Shaffer, M. A, "Equity and relationship quality influences on organizational citizenship behaviors: The mediating role of trust in the supervisor and empowerment", *Personnel Review*, Vol. 34, No. 4, 2005, pp. 406-422; Messer, B., White, F, "Employees' mood, perceptions of fairness, and organizational citizenship behavior", *Journal of Business & Psychology*, Vol. 211, No. 1, 2006, pp. 65-82.

[5] Lavelle, J. J., Brockner, J., Konovsky, M. A. et al, "Commitment, procedural fairness, and organizational citizenship behavior: A multi-foci analysis", *Journal of Organizational Behavior*, Vol. 30, No. 2, 2009, pp. 337-357.

平、程序公平和互动公平对于组织公民行为有着明显的预示作用。[1]

同样，组织认同感与组织公民行为之间有显著相关关系。Knippenberg 提出认同感是个体对群体寻找归属[2]，以回答"我是谁"的自我定义，是个体与组织或群体的同一性，使得个体将组织或群体的目标或观点内化，从而成为自己的目标或观点。换言之，当个体对自己的某种角色产生认同感时，就会从事相应角色的包括组织公民行为在内的各种行为。徐长江、Anderson 和 Patterson 等研究发现当组织成员感觉在组织内受到重视时[3]，他们对组织就越发产生认同感，从而为组织的考虑就会越多，并主动做出组织公民行为。Knippenberg 研究发现认同程度越高，以组织或群体定义自己的程度就会越高，因此也就会产生越多的组织公民行为。[4] 褚庆鑫等也发现，大学生村官对组织产生认同感的程度对组织公民行为的影响程度较高。[5]

组织公民行为除了与以上因素高度相关外，还会对其他组织绩效等产生显著影响。Podsakoff 和 Mackenzie 等、Mackenzie 和 Podsakoff 及 Jarvis 等研究发现组织公民行为与组织成员的绩效相关，能够对组织成员的职业发展、工作绩效起到正向推进作用。[6] Borman 和 Motowidlo 就

---

[1] 葛建华等：《员工社会化、组织认同与组织公民行为：基于中国科技制造企业的实证研究》，《南开管理评论》2010 年第 1 期。

[2] Knippenberg, D. V, "Work Motivation and Performance: A Social Identity Perspective", Applied Psychology, Vol. 49, No. 3, 2001, pp. 357-371.

[3] 徐长江等：《对组织公民行为的争议与思考》，《管理评论》2004 年第 3 期；Anderson, W. D., Patterson, M. L, "Effects of social value orientations on fairness judgments", The Journal of Social Psychology, Vol. 148, No. 2, 2008, pp. 223-245.

[4] Knippenberg, D. V, "Work Motivation and Performance: A Social Identity Perspective", Applied Psychology, Vol. 49, No. 3, 2001, pp. 357-371.

[5] 褚庆鑫等：《大学生"村官"组织公民行为影响机制实证研究》，《南京社会科学》2013 年第 3 期。

[6] Podsakoff, P. M., Mackenzie, S. B., Paine, J. B., et al, "Organizational Citizenship Behaviors: a Critical Review of the Theoretical and Empirical Literature and Suggestions for Future Research", Journal of Management, Vol. 26, No. 3, 2000, pp. 513-563; Mackenzie, S. B., Podsakoff, P. M. & Jarvis, C. B, "The Problem of Measurement Model Misspecification in Behavioral and Organizational Research and Some Recommended Solutions", Journal of Applied Psychology, Vol. 90, No. 4, 2005, pp. 710-730.

认为组织公民行为本身就是关系绩效,所以组织管理者在评定绩效时,也会考虑组织成员的组织公民行为。[1] Latham 和 Millman 及 Karambayya 就研究发现,在一个组织中,有较高工作满意度、工作绩效的成员往往表现出较多的组织公民行为。[2]

从研究对象上来看,组织公民行为的研究近些年来都在进行拓展,组织公民行为作为组织生存与发展的关键因素,对于学校组织而言更为关键。教师和学生作为构成高校组织的重要主体,他们的组织公民行为在高校发展中起着不同的价值和作用。Dipaola 和 Hoy 借鉴 Organ 提出的组织公民行为研究学校中的组织公民行为,从而提出了学校组织公民行为的概念(SOCB)。[3] 随后,Somech 和 Ron、Christ 和 Van Dick 等对教师的组织公民行为进行了探讨。[4] Somech 和 Drach-Zahavy 发现教师的组织公民行为与工作满意度、集体和自我的效能感存在正相关关系。[5] Dipaola 和 Hoy 认为,在学校组织文化与组织公民行为有密切关系,作为学校的管理者的支持、学校规章制度等对于教师组织公民行为有显著的影响。[6] Weick 等研究发现,对于教师而言,除了制度化固定的角色内行为,作为高校教育教学的主导者,教师的行为还包括大量无法框定

---

[1] Borman, W. C., Motowidlo, S. J., "Task performance and contextual performance: The meaning for personnel selection research", *Human Performance*, No. 10, 1997, pp. 99-109.

[2] Latham, G. P., Millman, Z., Karambayya, R, "Content Domain Confusion Among Researchers, Managers, and Union Members Regarding Organizational Citizenship Behaviour", *Canadian Journal of Administrative Science*, Vol. 14, No. 2, 1997, pp. 206-212.

[3] Dipaola, M & Hoy, W. K, "Organizational citizenship of faculty and achievement of High school student", *High School Journal*, Vol. 88, No. 3, 2005, pp. 35-44.

[4] Somech, A., & Ron, I, "Promoting organizational citizenship behavior in schools: the impact of individual and organizational characteristics", *Educational Administration Quarterly*, Vol. 43, No. 1, 2007, pp. 38 - 66; Christ, O., Van Dick, R., Wagner, U., & Stellmacher, J, "When teachers go the extra mile: Foci of organizational identification as determinants of different forms of organizational citizenship behavior Among school teachers", *British Journal of Educational Psychology*, Vol. 73, No. 3, 2003, pp. 329-341.

[5] Somech, A., & Drach-Zahavy, A, "Understanding extral role behavior in schools: the relationship between job satisfaction, sense of efficacy, and teachers' extra-role behavior", *Teaching and Teacher Education*, No. 16, 2000, pp. 649-659.

[6] Dipaola, M & Hoy, W. K, "Organizational citizenship of faculty and achievement of High school student", *High School Journal*, Vol. 88, No. 3, 2005, pp. 35-44.

但有利于学校卓越发展的角色外行为,这些便是高校教师的组织公民行为,它不但会深刻影响学生,更会影响到高校深层次的发展。① 可以看出,目前在学校组织中对于教师组织公民行为的研究较多,对学生组织公民行为的研究明显不足。

三 组织公民行为构成维度

自组织公民行为的概念提出以后,对于组织公民行为的构成维度也成为了学者们的研究重点,从目前搜集的文献来看,学者们对于这一问题的观点各不相同,而且分歧较大。从已有的文献来看,目前学界主要有二维度、三维度、四维度、五维度、六维度、七维度等。

二维度说。Smith、Organ 和 Near 提出组织公民行为的维度包括一般顺从(Generalized Compliance)以及利他主义(Altruism)。② Coleman 和 Borman 则是根据组织公民行为受益者的角度,将组织公民行为划分为指向个体的组织公民行为(OCBI)和指向组织的组织公民行为(OCBO)两个维度。③

三维度说。Somech 和 Drach-Zahavy、Christ 与 Van Dick 等认为教师的组织公民行为包括人际层面、团队层面以及组织层面三个维度。④ 周国华和黎光明编制的问卷则包括热爱学校、帮助同伴和自我发展三个维度。⑤

---

① Weick, K. E., "Educational organizations as loosely coupled systems", *Administrative Science Quarterly*, Vol. 21, No. 1, 1976, pp. 1-19.

② Smith, C. A., Organ, D. W., Near, J. P, "Organizational Citizenship Behavior: Its Nature and Antecedents", *Journal of Applied Psychology*, Vol. 68, No. 4, 1983, pp. 653-663.

③ Coleman, V. I, Borman, W. C., "Investigating the underlying structure of the citizenship performance domain", *Human Resource Management Review*, Vol. 10, No. 1, 2000, pp. 25-44.

④ Somech, A., & Drach-Zahavy, A, "Understanding extral role behavior in schools: the relationship between job satisfaction, sense of efficacy, and teachers' extra-role behavior", *Teaching and Teacher Education*, No. 16, 2000, pp. 649-659; Christ, O., Van Dick, R., Wagner, U., & Stellmacher, J, "When teachers go the extra mile: Foci of organizational identification as determinants of different forms of organizational citizenship behavior Among school teachers", *British Journal of Educational Psychology*, Vol. 73, No. 3, 2003, pp. 329-341.

⑤ 周国华等:《"谁是大学好教师?"——大学教师组织公民行为特点的实证研究》,《教师教育研究》2009 年第 4 期。

四维度说。Rego 等通过研究提出教师的组织公民行为包括实践导向、礼貌周到、主动参与、责任意识四个维度。[1] 而廖春华根据教师职业的特殊性,提出教师的组织公民行为包括利他主义、人际和谐、积极主动、自我发展四个维度。[2]

五维度说。Farh 等提出组织公民行为的维度包括认同组织、利他主义、人际关系和谐、保护组织资源、责任意识五个方面。[3] 整体上,五维度说中,在研究中运用较多的是 Organ 的观点,包括文明礼貌、运动员精神、利他行为、公民美德和责任意识。[4] Christ 等通过研究认为教师的组织公民行为分为五个维度,包括对组织忠诚、对工作负责、遵纪守法、帮助同事和自我发展。[5] 而仇勇等认为教师的组织公民行为包括社会公益参与、自我发展提升、教师教学互助、学生情感疏导和学生就业扶持等五个方面。[6]

六维度说。余洪在总结其他文献的基础上提出学生干部的组织公民行为包括认同学校、协助同学、不生事争利、公私分明、敬业守法、自我充实六个维度。[7]

七维度说。Podsakoff 等认为包括组织忠诚、组织遵从、运动员精

---

[1] Rego, A., Pereira, H., Fernandes, C. & Heredia, M, "Comportamientos de ciudadanía docente, motivación y desempeño académico", *Revista Latino americana de Psicología*, Vol. 39, No. 2, 2007, pp. 253-268.

[2] 廖春华等:《高校教师组织公民行为对工作绩效的影响研究———基于结构方程的实证分析》,《教育发展研究》2016 年第 19 期。

[3] Farh, J.L., Earley, P.C. & Lin, S.C, "Impetus for Action: A Cultural Analysis of Justice and Organizational Citizenship Behavior in Chinese society", *Administrative Science Quarterly*, No. 42, 1997, pp. 421-444.

[4] Organ, D.W, "Organizational citizenship behavior: It's construct clean-up time", *Human Performance*, Vol. 10, No. 2, 1997, pp. 85-97.

[5] Christ, O., Van Dick, R., Wagner, U., & Stellmacher, J, "When teachers go the extra mile: Foci of organizational identification as determinants of different forms of organizational citizenship behavior Among school teachers", *British Journal of Educational Psychology*, Vol. 73, No. 3, 2003, pp. 329-341.

[6] 仇勇等:《高校教师的组织公民行为:内涵结构、测量方法与群体差异》,《黑龙江高教研究》2018 年第 6 期。

[7] 余洪:《基于"组织公民行为"理论的高校学生干部管理策略》,《扬州大学学报》(高教研究版)2010 年第 3 期。

神、助人行为、个人主动性、自我发展和公民道德。① Farh 等根据组织内外部文化环境的不同,认为东西方的组织公民行为的构成维度也有所不同,中国的组织公民行为包括乐意超时工作、分享有益于工作的信息、履行额外职责、帮助同伴、不生事争利、维护组织形象、与同事(同伴、同学)和睦相处等。②

整体来看,很多维度在适用于教育组织时其功能比较有限,在教育主体上的区分度非常小。③ 另外,还有一些维度是存在互相涵盖、角度不一致等问题,本书认为 Coleman(2000)的二维度说更具科学性,组织公民行为作为组织成员的一种角色外行为,从受益对象上看,包括面向个体和面向组织两种。④ 第一,个体层面包括针对个体和针对群体中个体的组织公民行为,比如针对个体的组织公民行为如自我发展、积极主动,针对群体中个体的组织公民行为如人际协调、帮助同伴等;第二,面向组织的包括针对组织层面和社会层面的组织公民行为,组织层面的组织公民行为如保护组织资源、对组织提出合理化建议、积极参与组织的治理活动等,社会层面的组织公民行为如维护组织形象、离开组织后为组织的发展提供支持与服务等。

综上所述,对于组织公民行为的研究已经比较成熟,尤其是对于其内涵等方面。但是对于组织公民行为的构成维度等尚未形成一致意见。从目前已有的文献来看,对于组织公民行为的研究主要集中在行为科学、管理学等领域,而在教育领域的研究基本上属于迁移性研究。高校作为一种组织,高校内各主体的组织公民行为有部分的共同性,相关研究成果可以为高校内组织公民行为研究提供借鉴和指导。但是由于组织性质不同,高校不同于企业或商业组织,也不同于科层为特征的行政组

---

① Podsakoff, P. M., Mackenzie, S. B., Paine, J. B., et al, "Organizational Citizenship Behaviors: a Critical Review of the Theoretical and Empirical Literature and Suggestions for Future Research", *Journal of Management*, Vol. 26, No. 3, 2000, pp. 513-563.

② Farh, J. L., Zhang, C. B. & Organ, D. W, "Organizational Citizenship Behavior in the People's Republic of China", *Organization Science*, Vol. 15, No. 2, 2004, pp. 241-253.

③ 周国华等:《"谁是大学好教师?"——大学教师组织公民行为特点的实证研究》,《教师教育研究》2009 年第 4 期。

④ Coleman, V. I, Borman, W. C, "Investigating the underlying structure of the citizenship performance domain", *Human Resource Management Review*, Vol. 10, No. 1, 2000, pp. 25-44.

织。高校组织是具有公益性、学术性的专业组织，这种组织的特性就决定了高校内主体的组织公民行为有别于其他组织，从而呈现出不同的特点和内容。目前已有的文献，对教师的组织公民行为的研究较多，但是鲜见对于学生的组织公民行为研究。由于学生对于高校这类组织而言，是一种比较特殊的主体，在对学生的组织公民行为研究时，就需要考虑其特殊性，比如不必直接搬用在其他领域中比较成熟的调查问卷，同样也不能直接使用在教师公民行为研究中比较常见的问卷等，而应该根据学生的特点，在借鉴其他成熟问卷的基础上进行修改和完善，从而进行更加深入地调查研究。所以当前关于组织公民行为的理论研究在学生主体身上是否有效，学生对于高校的组织公民行为如何？高校的组织支持感对学生的组织认同感以及其组织公民行为如何？特别是在新形势下，在"双一流"建设中，高校的支持对于其组织公民行为的影响如何，高校的支持是否对学生的组织公民行为产生预测作用。目前从现有的文献中，无法找到现成的答案，所以对这些问题进行实证研究有较大现实意义。

第三章 研究设计与方法

第一节 研究思路与流程

一 研究思路

由于本书是一个跨学科领域的研究课题,若单纯采用独立的定性或定量的研究范式的话会在研究过程中存在诸多不足,比如定性研究中访谈对象数量有限就会使得研究结论容易受到质疑,若单纯使用定量研究就会丧失大量有效信息,从而使得研究产生偏颇,而在本书中混合研究范式能够有效避免两者存在的部分问题、具有一定切适性,因此为了研究结论的科学性和严谨性,采用了混合研究范式。

混合研究范式是定性研究和定量研究的天然补充,是第三种研究范式。[①] 混合研究是指在单个研究中同时采用定性和定量的方法来收集、分析资料,整合研究发现并做出推断。[②] 目前,混合研究范式有三种基础设计方案和三种高阶设计方案,在基础设计方案中聚敛式设计是同时进行定性与定量资料收集与分析的做法;解释性序列设计是先用定量研究结果剖析研究问题,然后用定性研究来解释定量研究的结果的做法;探索性序列设计是首先进行定性资料收集分析,然后利用定性研究的结

[①] Johnson, R. B. & Onwuegbuzie, A. J, "Mixed methods research: a research paradigm whose time has come", *Educational Researcher*, Vol. 33, No. 7, 2004, pp. 14-26.

[②] Tashakkori, A. &Creswell, J. W, "The New Era of Mixed Methods", *Journal of Mixed Methods Research*, Vol. 1, No. 1, 2007, pp. 3-7.

果研发新的定量测试工具,然后再进行定量研究,最后得出研究结论。① 在本书中,如前文所述在已有的文献有比较成型的问卷可以使用,因此本书采用解释性序列设计。本书的具体研究流程按照图 3-1 进行设计。

```
定量资料的收集与分析
        ↓
定性资料的收集与分析
        ↓
用定性资料解释定量研究结论
```

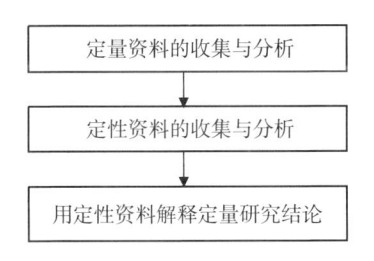

图 3-1　解释性序列研究思路图

二　研究流程

根据研究目的和研究问题,研究流程根据混合研究范式中的解释性序列设计进行细化,具体研究流程分为以下五个阶段,见图 3-2:

(一) 预备阶段

主要针对研究动机及目的,了解研究方向后,配合文献探讨所需文献资料进行搜集,归纳出具体的研究问题,并为后续研究做好资料、问卷与访谈调查联系等方面的工作。

(二) 文献探讨与搜集阶段

主要针对研究目的及欲解答的问题,进行文献的搜集与探讨,搜集本书必须使用的相关文献资料。

(三) 调研整理阶段

本阶段主要有三个任务:一是进行问卷调查与整理,在对问卷进行小样本信度效度分析后进行大样本调查,在调查的过程中做好解释说明等工作,确保调查资料真实有效。二是问卷资料收集完成后按要求整理与分析。三是访谈资料的收集与整理,为了获取有效的研究资料,访谈在认真做好访谈准备、选取访谈对象等的基础上进行。

---

① [美] 约翰·W. 克雷斯威尔:《混合方法研究导论》,李敏谊译,格致出版社、上海人民出版社 2015 年版,第 40-46 页。

```
准备阶段 ──→ 研究背景与研究目的
              ↓
           研究问题
              ↓
文献整理 ──→ 文献探讨
           "双一流"政策、组织支持感、
           组织认同感、组织公民行为相关文献梳理
              ↓
调研整理 ──→ 定量资料的收集与整理
              ↓
           定性资料的收集与整理
              ↓
归纳总结 ──→ 用定性资料分析与解释定量研究结论
              ↓                    ↓
结果建议 ──→ 研究结论及改进建议    完成研究报告
```

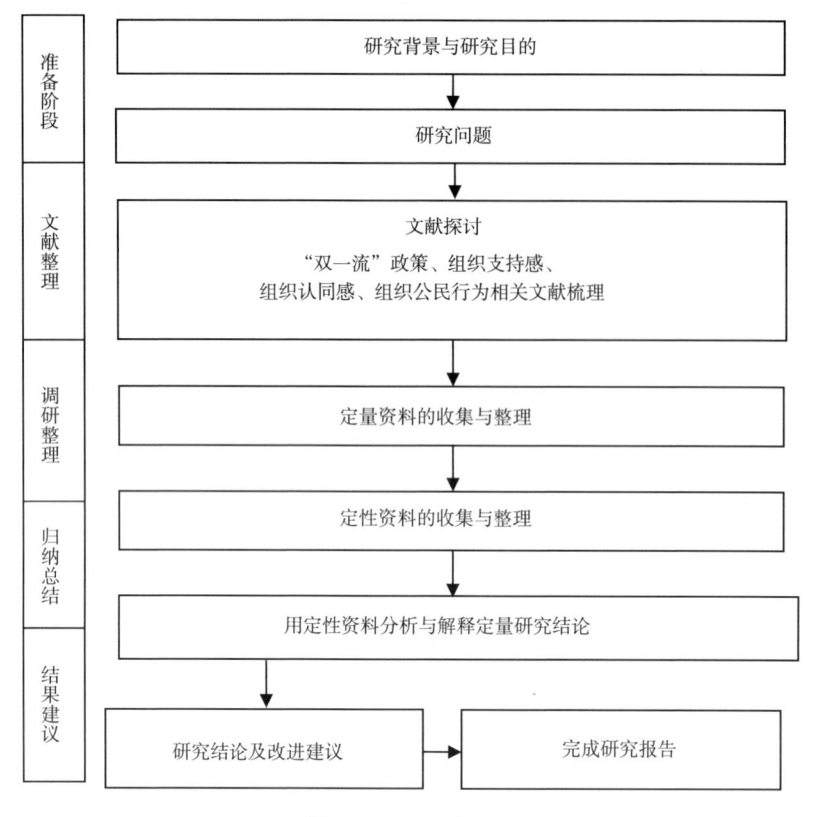

图 3-2 研究流程图

（四）归纳总结阶段

本阶段将前述资料予以整理，再进行归纳与分析。用定性资料分析与解释定量研究结论。

（五）结论与建议阶段

完成归纳与检验工作后，提出研究的结论，并提出具体改进建议和意见，以供相关政府机构、高校参考。

第二节 研究框架与假设

一 研究框架

为了清晰地展现研究思路，以便更加有序有效的开展研究，必须建立研究与分析框架，使研究者能够清晰全面的掌控研究走向。① 根据研究的目的与研究问题，在梳理相关概念和文献的基础上，作为推进研究的初步框架，具体见图3-3。

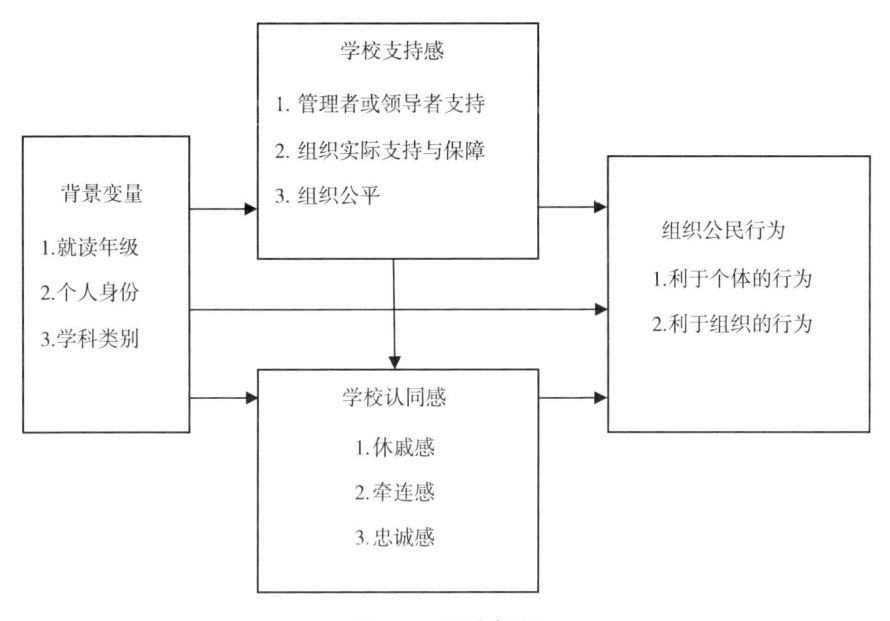

图 3-3 研究框架

兹将本书架构路径说明如下：

(一) 研究路径 A

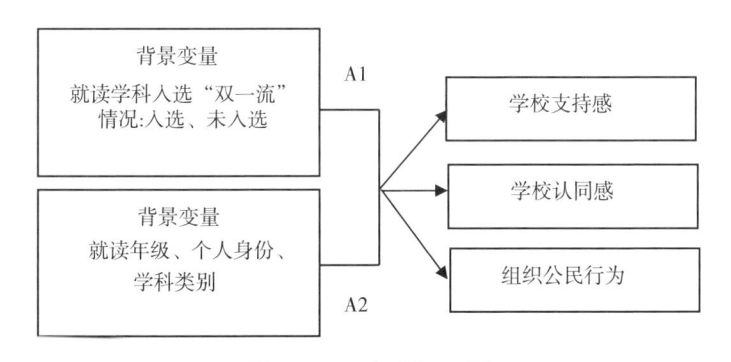

图 3-4 研究路径 A 图

---

① 张庆勋：《论文写作手册》(增订四版)，台湾心理出版社2011年版。

A1：以描述性统计和 T 考验分析在入选和没有入选"双一流"学科的学生在学校支持感、学校认同感及学生组织公民行为的现实情况及差异情形。

A2：以 T 考验或单因子变异数分析不同就读年级、个人身份、学科类别学生在学校支持感、学校认同感及其组织公民行为的差异情形。

（二）研究路径 B

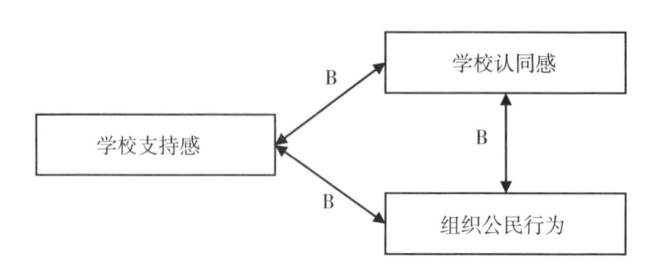

图 3-5　研究路径 B 图

B：以典型相关分析学校支持感、学校认同感及组织公民行为之间的相关程度。

（二）研究路径 C

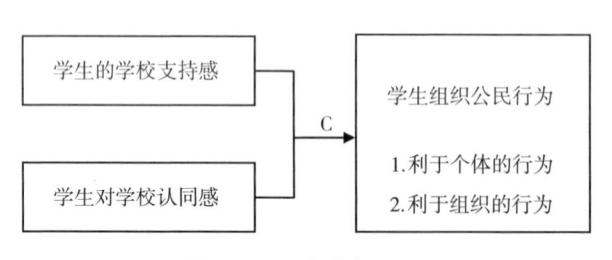

图 3-6　研究路径 C 图

C：进行逐步多元回归分析学生的学校支持感、学校认同感对学生组织公民行为的预测的功能。

二　研究假设

依据研究目的与文献探讨的结果，提出下列研究假设。

假设一：不同背景变项下"双一流"高校中普通学科学生的学校支

持感有显著差异。

假设 1-1：不同就读年级学生的学校支持感有显著差异。

假设 1-2：不同个人身份学生的学校支持感有显著差异。

假设 1-3：不同学科类别学生的学校支持感有显著差异。

假设二：不同背景变项下"双一流"高校中普通学科学生的学校认同感有显著差异。

假设 2-1：不同就读年级学生的学校认同感有显著差异。

假设 2-2：不同个人身份学生的学校认同感有显著差异。

假设 2-3：不同学科类别学生的学校认同感有显著差异。

假设三：不同背景变项下"双一流"高校中普通学科学生的组织公民行为有显著差异。

假设 3-1：不同就读年级学生的组织公民行为有显著差异。

假设 3-2：不同个人身份学生的组织公民行为有显著差异。

假设 3-3：不同学科类别学生的组织公民行为有显著差异。

假设四："双一流"高校中普通学科学生的学校支持感、学校认同感及组织公民行为之间有显著相关。

假设 4-1：普通学科学生的学校支持感与学校认同感之间有显著相关。

假设 4-2：普通学科学生的学校支持感与学生组织公民行为之间有显著相关。

假设 4-3：普通学科学生的学校认同感与学生组织公民行为之间有显著相关。

假设五："双一流"高校中普通学科学生的学校支持感、学校认同感对学生组织公民行为有显著预测力。

第三节 问卷设计及调查

一 问卷设计

(一) 问卷初稿内容

依据研究目的和研究框架，在参阅其他学者研究成果的基础上，拟定调查问卷初稿。问卷初稿主要分为基本资料、问卷内容等两个部分。

第一部分　基本资料

1. 就读年级：□一年级；□二年级；□三年级；□四年级；□其他。

2. 个人身份：□本科生；□硕士研究生；□博士研究生；□其他。

3. 就读学科类别：□理学；□工学；□农学；□医学；□经济学；□管理学；□法学；□哲学；□教育学；□文学；□历史学；□军事学；□艺术学；□其他。

4. 您就读学科入选"双一流"：□入选；□未入选。

第二部分　问卷题目

本书采用李克特（Likert style）五点量表填答计分，每题皆有不同程度之答项，分别为"非常符合、比较符合、一般符合、比较不符合、非常不符合"，依次给予5、4、3、2、1分，反向题则反向计分。

1. 组织支持方面

维度	题项
维度一：管理者或领导者支持	（1）在"双一流"建设中，学校各领导对普通学科专业给予了重点关注。 （2）在"双一流"建设中，学校为普通学科专业发展出台了专门规章制度。 （3）在"双一流"建设中，学校在各类政策上对普通学科专业给予了倾斜。 （4）在"双一流"建设中，学校各职能部门为普通学科制定了详细发展计划。 （5）在"双一流"建设中，学校行政人员以身作则推动普通学科发展。 （6）在"双一流"建设中，学校上下全方位支持普通学科发展。
维度二：组织实际的支持与保障	（1）在"双一流"建设中，学校为普通学科提供了优越的发展环境。 （2）在"双一流"建设中，学校积极解决普通学科专业存在的各种困难。 （3）在"双一流"建设中，作为学生感受到了明显的学科专业压力。 （4）在"双一流"建设中，学校关注到了普通学科专业的学生需求。 （5）在"双一流"建设中，学校为普通学科的学生提供了更多发展机遇。 （6）在"双一流"建设中，学校较为重视普通学科学生的满意度。

续表

维度	题项
维度三：组织公平	（1）在"双一流"建设中，学校对所有学科专业在各类资源分配上是公平的。 （2）为了推进"双一流"建设，学校将各类资源倾向某些重点发展学科专业。 （3）在"双一流"建设中，校内各学科专业参与各类资源分配等的程序是公平的。 （4）在"双一流"建设中，校内各学科专业参与各类资源分配等的过程是公开的。 （5）在"双一流"建设中，校内强势学科专业对普通学科专业形成了挤压。 （6）在"双一流"建设中，学校有撤销或削弱部分普通学科专业或机构的行动。

2. 组织认同方面

维度	题项
维度一：休戚感	（1）当我对别人提起自己就读学校时，我感到很自豪。 （2）当有人称赞我在本校就读的学科专业时，我感觉很荣幸。 （3）当学校发生问题时，我感觉好像是我自身发生了问题。 （4）当有人批评我的学校时，我感觉好像自己也遭受批评。 （5）我觉得学校的目标，也是我要努力达成的目标。 （6）我觉得自己与同学们，都为了学校共同的目标而努力。 （7）我常常主动思考，如何才能更好地为学校争光。
维度二：牵连感	（1）我感觉自己是学校里重要的一份子。 （2）我感觉如果少了我，学校就少了一份重要的力量。 （3）我常关注学校发展的各种重要信息。 （4）我感觉关注学校是我生活中重要的一部分。 （5）我对学校提出的意见和建议，常会被采纳。 （6）我对学校付出的热忱和努力，常会被肯定。 （7）我很乐意参加学校举办的活动。
维度三：忠诚感	（1）不管外在环境如何变迁，我仍愿意学校变得更好。 （2）不管我就读的学科专业如何，我仍愿学校各方面得到发展。 （3）对于学校的各类规范，我会尽力遵从。 （4）对于学校的工作内容，我会尽力完成。 （5）不管我的未来如何，我仍愿为学校奉献力量。 （6）我愿意付出努力，让学校发展得更好。 （7）每个学生都有义务为学校的发展服务。

3. 组织公民行为方面

维度	题项
维度一： 利于个体的行为	（1）我愿意付出时间，协助老师或管理人员处理相关事务。 （2）在学校这几年，我非常乐于帮助有需要的同学。 （3）我会花时间倾听同学的问题与烦恼。 （4）我会主动与同学、老师等分享一些有用的信息。 （5）我会超出学校要求，以高标准来完成学业。 （6）我很珍惜这几年在学校的学习和生活时光。
维度二： 利于组织的行为	（1）我会积极为学校的发展建言献策。 （2）我会主动对外介绍或宣传学校的优点。 （3）我会努力维护学校的形象及声誉。 （4）等我毕业后，我会尽我所能为学校做贡献。 （5）我愿意付出额外的努力来协助学校发展。 （6）对于学校未来的发展，我很有信心。

（二）初稿问卷检视

为了考察初稿问卷的适用性，研究者邀请了 5 名专家和 5 名学生对该问卷进行检视，检视主要围绕以下几个方面开展：第一，问卷的题量是否合适？或多或少？第二，问卷内容是否有不能理解或者重复？第三，问卷是否用词准确？第四，您对本问卷有何改进建议？第五，问卷是否达到了调查的目的？专家、教师与学生名单见表 3-1、表 3-2：

表 3-1　　　　　　　　咨询问卷专家学者名单

姓名	单位
王教授	澳门大学
颜教授	华南师范大学
吴教授	天津师范大学
凌教授	中国传媒大学
杨教授	中国社会科学院大学

表 3-2　　　　　　　　咨询问卷学生名单

姓名	单位
许同学	中国传媒大学新闻传播专业
杨同学	中国人民大学会计学专业
叶同学	中山大学汉语言文学专业

第三章 研究设计与方法

续表

姓名	单位
张同学	华南师范大学教育学专业
马同学	北京航空航天大学计算机科学与技术专业

参与检视问卷的专家和学生整体上认为问卷结构合理、内容全面，问卷能够达到预想的调查目的。但也对问卷中的概念界定、个别题目表述提出了改进建议：

1. 在第一部分基本数据中，"就读年级"和"个人身份"调换顺序，先问学生个人身份后再问就读年级，这样更符合逻辑。

2. "在'双一流'建设中，学校各领导对普通学科专业给予了重点关注"一题中，"学校各领导"可以理解为每一位领导，所以在答题时存在歧义，建议改为"相关领导"。

3. "在'双一流'建设中，学校在各类政策上对普通学科专业给予了倾斜"一题中，"各类政策"的要求太过苛刻，因此建议去掉"各类"字样。

4. "在'双一流'建设中，学校各职能部门为普通学科制定了详细发展计划"一题中，把"各职能部门"修改为"相关职能部门"。

5. "在'双一流'建设中，学校上下全方位支持普通学科发展"一题中，"上下全方位支持"的要求太苛刻，建议去掉"上下全方位"字样。

6. "在'双一流'建设中，作为学生感受到了明显的学科专业压力"一题本身是用来测量程度的，因此"明显"一词有误导嫌疑，建议删除"明显的"字样。

7. "在'双一流'建设中，学校为普通学科的学生提供了更多发展机遇"一题也是用以测量程度的，因此建议删除"更多"字样。

8. "在'双一流'建设中，学校较为重视普通学科学生的满意度"一题也是用以测量程度的，因此建议删除"较为"字样。

9. "为了推进'双一流'建设，学校将各类资源倾向某些重点发展的学科专业"一题语言啰嗦，建议删除"各类""某些"字样。

10. "在'双一流'建设中，校内各学科专业参与各类资源分配等的过程是公开的"一题中,"过程"公开不太容易理解,建议将"过程"改为"标准"。

11. "我觉得学校的目标,也是我要努力达成的目标"一题中,"我觉得"字样多余,建议删除。

12. "我觉得自己与同学们,都为了学校共同的目标而努力"一题中,"我觉得"字样多余,建议删除。

13. "我常关注学校发展的各种重要信息"一题中,"各种"二字属多余,建议删除该字样。

14. "我感觉关注学校是我生活中重要的一部分"一题中,建议删除"重要"二字。

15. "我对学校提出的意见和建议,常会被采纳"一题中,建议删除"常"字。

16. "我对学校付出的热忱和努力,常会被肯定"一题中,建议删除"常"字。

17. "我很乐意参加学校举办的活动"一题中,建议删除"很"字。

18. "在学校这几年,我非常乐于帮助有需要的同学"一题中,建议删除"非常"二字。

19. "对于学校未来的发展,我很有信心"一题中,建议删除"很"字。

(四) 形成预试问卷

根据专家和学生们提出的意见进行修改完善后,形成了最终的预试问卷。预试问卷包括问卷题头、基本信息、问卷内容三个部分。问卷题头部分简要介绍了研究背景与目的、问卷填答要求;基本信息部分包括学生身份、就读年级、学科类别、就读学科是否入选"双一流"等项目;问卷内容部分由五十一个选择题和一个开放题组成。具体问卷内容,参见附件。

二 问卷预测

为了确保问卷的信度和效度,本书在正式发放问卷之前先进行小规模预测试。由于本书以北京市"双一流"高校为例进行,所以预测问卷的发放对象同样为北京市"双一流"高校学生。问卷采用纸质方式发放，发放并回收105份预测问卷，完成小规模预先测试，然后对回收的预测问卷进行信度、效度评价，以确保问卷的质量。

第四节 问卷信度与效度

本研究采用SPSS12.0 for Windows、Amos7.0等软件对问卷资料进行了统计、分析，并进行了信度、效度检验。

一 问卷信度

信度（Reliability）即可靠性，它是指采用同样的方法对同一对象重复测量时所得结果的一致性程度。

（一）施测对象信息

表3-3　　　　　　　　　施测对象信息

变量	类别	人数	百分数（%）
身份	本科生	77	73.3
	硕士生	18	17.1
	博士生	10	9.5
学科类别	理学	25	23.8
	工学	27	25.7
	农学	1	1.0
	医学	3	2.9
	经济学	3	2.9
	管理学	12	11.4
	法学	3	2.9
	哲学	1	1.0
	教育学	15	14.3
	文学	7	6.7
	历史学	6	5.7
	其他	2	1.9

续表

变量	类别	人数	百分数（%）
入选"双一流"	是	38	36.2
	否	67	63.8
	合计	105	100

（二）研究工具

本次调查研究采用自编的"'双一流'建设中普通学科学生的学校支持感、认同感及其行为研究"调查问卷，问卷共包含52个题项。

（三）问卷信度检验

信度分析（Reliability analysis）有多种方法，其中问卷的内部一致性系数检验和分半信度检验是常用的信度检验方法。

表3-4　　　　　　　　　问卷的信度检验

	内部一致性系数	分半信度
1. 组织支持问卷	0.928	0.870
维度一：管理者或领导者支持	0.912	0.851
维度二：组织实际的支持与保障	0.876	0.843
维度三：组织公平	0.763	0.718
2. 组织认同问卷	0.944	0.845
维度一：休戚感	0.854	0.719
维度二：牵连感	0.908	0.844
维度三：忠诚感	0.946	0.880
3. 组织公民行为问卷	0.926	0.831
维度一：利于个体的行为	0.901	0.860
维度二：利于组织的行为	0.872	0.831

从上表可以看出，在组织支持问卷中，组织支持问卷的总体内部一致性系数为0.928，分半信度0.870；组织支持问卷的各维度的内部一致性系数在0.763—0.912之间，分半信度0.718—0.851之间。从信度

的判别标准来看，采用学者 Nunnally（1978）的结论："α 系数<0.35 则表明问卷信度较低；0.35<α 系数<0.7，则表明问卷信度可接受；α 系数>0.7，则表明问卷信度高。"可见组织支持问卷的信度良好。

在组织认同问卷中，组织认同问卷的总体内部一致性系数为 0.944，分半信度 0.845；组织认同问卷的各维度的内部一致性系数在 0.854—0.946 之间，分半信度在 0.719—0.880 之间。可见组织认同问卷的信度良好。

在组织公民行为问卷中，组织公民行为问卷的总体内部一致性系数为 0.926，分半信度 0.831；组织公民行为问卷的各维度的内部一致性系数在 0.872—0.901 之间，分半信度在 0.831—0.860 之间。可见组织公民行为问卷的信度良好。

二 问卷效度

为探究问卷的有效性，需要对问卷的结构进行分析，采用的方式是效度分析，在分析当中，效度（Validity）即有效性，它是指测量工具或手段能够准确测出所需测量事物的程度。

一般来说，检验效度的方法有许多，如专家点评的内容效度，有效标参考的效标效度，以及衡量问卷结构的结构效度，本研究采用的是结构效度的方式验证问卷的效度情况。

表 3-5　　　　　　　　组织支持问卷的结构效度检验

	组织支持问卷	维度一	维度二	维度三
组织支持问卷	1			
维度一	0.889**	1		
维度二	0.851**	0.594**	1	
维度三	0.934**	0.781**	0.700**	1

从表 3-5 可以看出，组织支持问卷各维度与总体的相关系数在 0.851—0.934 之间，属于较强程度的相关，很明显高于分维度相互的关联程度，分维度之间的相关系数为 0.594—0.781，呈现中等相关，表明各维度之间存在一定相关，又具有一定的独立性。可见组织支持问

卷的结构效度良好。

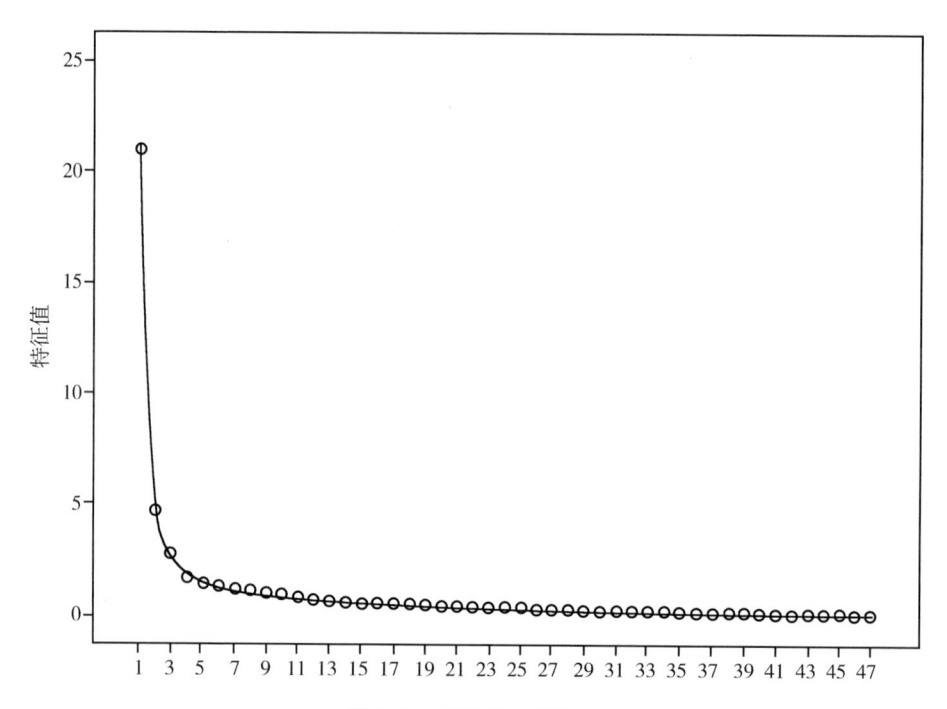

图 3-7 问卷成分碎石图

表 3-6 组织认同问卷的结构效度检验

	组织认同问卷	维度一	维度二	维度三
组织认同问卷	1			
维度一	0.892**	1		
维度二	0.892**	0.738**	1	
维度三	0.811**	0.584**	0.548**	1

从表 3-6 可以看出，组织认同问卷各维度与总体的相关系数在 0.811—0.892 之间，属于较强程度的相关，很明显高于分维度相互的关联程度，分维度之间的相关系数为 0.584—0.738，呈现中等相关，表明各维度之间存在一定相关，又具有一定的独立性。可见组织认同问卷的结构效度良好。

表 3-7　　　　　　　组织公民行为问卷的结构效度检验

	组织公民行为问卷	维度一	维度二
组织公民行为问卷	1		
维度一	0.938**	1	
维度二	0.915**	0.720**	1

从表 3-7 可以看出，组织公民行为问卷各维度与总体的相关系数在 0.915—0.938 之间，属于较强程度的相关，很明显高于分维度相互的关联程度，分维度之间的相关系数为 0.720，呈现中等相关，表明各维度之间存在一定相关，又具有一定的独立性。可见组织公民行为问卷的结构效度良好。

综合上述的分析，本次施测问卷的信效度检验已经完成，从问卷的内部一致性系数检验和分半信度检验分析可见，问卷的信度良好。从结构效度的验证来看，三个问卷的结构效度良好。可见三个问卷的信效度均良好。说明收集的资料比较真实可靠，且与实际情况较为契合，实证分析具有较强的说服力。

第五节　抽样与问卷调查

一　样本抽样

本书以北京市高校为研究母群体，由于北京市入选"双一流"建设高校共 34 所，其中北京大学、清华大学、中国人民大学、北京航空航天大学、北京师范大学、中国农业大学、北京理工大学、中央民族大学等为"世界一流大学"建设高校，其余 26 所为"世界一流学科"建设高校。因此本书采用分层、非随机抽样方法[①]。将北京市"双一流"建

---

① 抽样调查，根据抽样方式的不同可以分为非随机抽样和随机抽样。非随机抽样，又称为非概率抽样，是按照研究人员主观判断或其他条件来抽取样本的抽样方法。如偶遇抽样、判断抽样、滚雪球抽样等。随机抽样，又称概率抽样，是调查对象总体中每个部分都有同等被抽中的可能，是一种完全依照机会均等的原则进行的抽样调查。如等距随机抽样、分类随机抽样等。在本书中，由于抽样对象的抽样框无法确定，而且也无法做到按照机会均等的原则抽取样本，因此本书采用非随机抽样。关于非随机抽样和随机抽样的具体介绍，可参见水延凯等编著《社会调查教程》（第五版），中国人民大学出版社 2010 年版，第 94—96 页。

设高校分为"世界一流大学"建设高校和"世界一流学科"建设高校两个类别层次。其中"世界一流大学"建设高校占到23.5%,"世界一流学科"建设高校占到76.5%。按照该比例以抽选10所高校为要求,需在"世界一流大学"建设高校抽取两所,在"世界一流学科"建设高校抽取8所。每所大学非随机发放问卷100份,总计发放1000份问卷,具体见表3-8:

表3-8　　　　　北京市"双一流"高校问卷抽样一览表

学校名称	类型	抽样方法
北京航空航天大学	"世界一流大学"建设高校	非随机抽样100人
中央民族大学	"世界一流大学"建设高校	非随机抽样100人
对外经济贸易大学	"世界一流学科"建设高校	非随机抽样100人
北京科技大学	"世界一流学科"建设高校	非随机抽样100人
中国传媒大学	"世界一流学科"建设高校	非随机抽样100人
中国政法大学	"世界一流学科"建设高校	非随机抽样100人
北京中医药大学	"世界一流学科"建设高校	非随机抽样100人
首都师范大学	"世界一流学科"建设高校	非随机抽样100人
中国科学院大学	"世界一流学科"建设高校	非随机抽样100人
中央美术学院	"世界一流学科"建设高校	非随机抽样100人

二　正式调查

按照前文的抽样计划开始发放问卷。为了提高调查的时间进度,研究者在选取的高校召集几个志愿者,对志愿者进行了问卷调查方面的专业培训,然后由志愿者和研究者一起分头调查,直至收集到特定数量的问卷。在问卷回收后,先行检视填答内容,将填答不清、漏答及草率填答之无效问卷予以剔除,最终发出问卷1000份整,回收问卷970份,无效问卷20份,有效问卷950份。

三　问卷概述

问卷基本情况描述如下:有效问卷950份,参与问卷填写的学生中有本科生 697 人，占比 73.3%；硕士生 163 人，占比 17.1%；博士生 90 人，占比 9.5%。有一年级学生 133 人，占比 14%；二年级学生 323 人，占比 34%；三年级学生 181 人，占比 19%；四年级学生 180 人，占比 19%；其他年级学生 133 人，占比 14%。具体如图 3-8、3-9、3-10、3-11 所示。

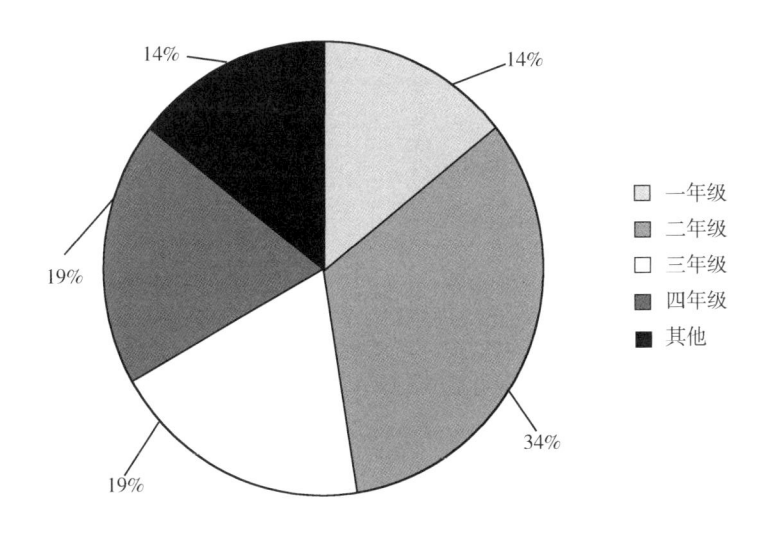

图 3-8 参与问卷填写的学生年级情况

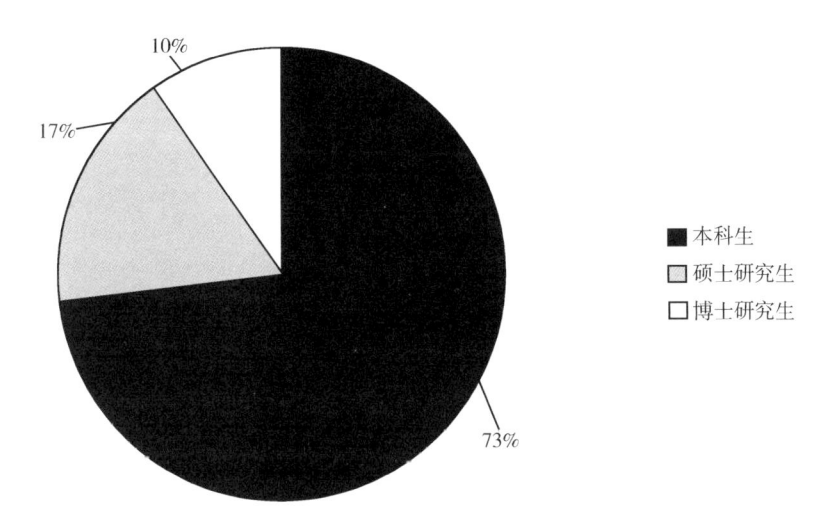

图 3-9 参与问卷填写的学生类别（个人身份）情况

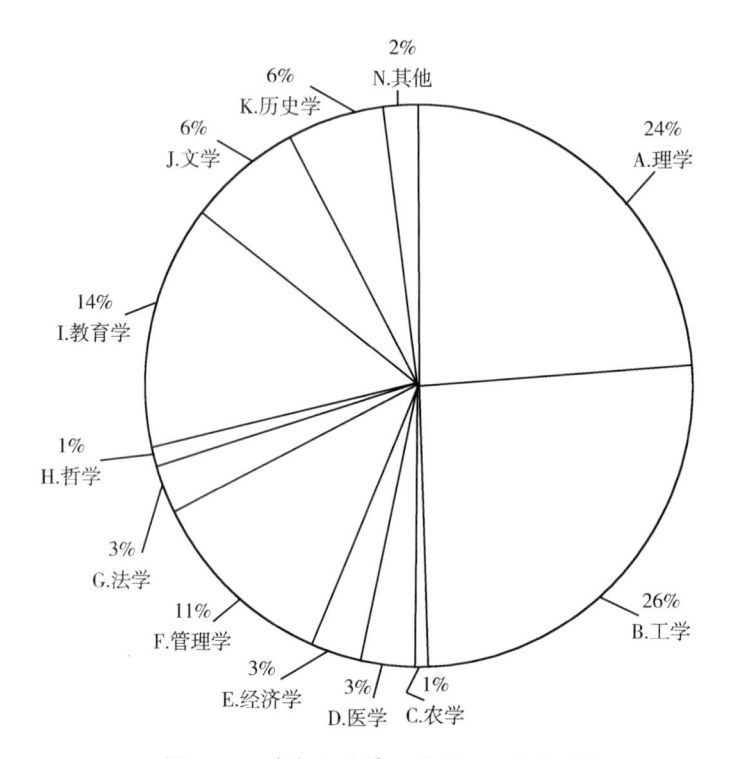

图 3-10 参与问卷填写的学生就读学科情况

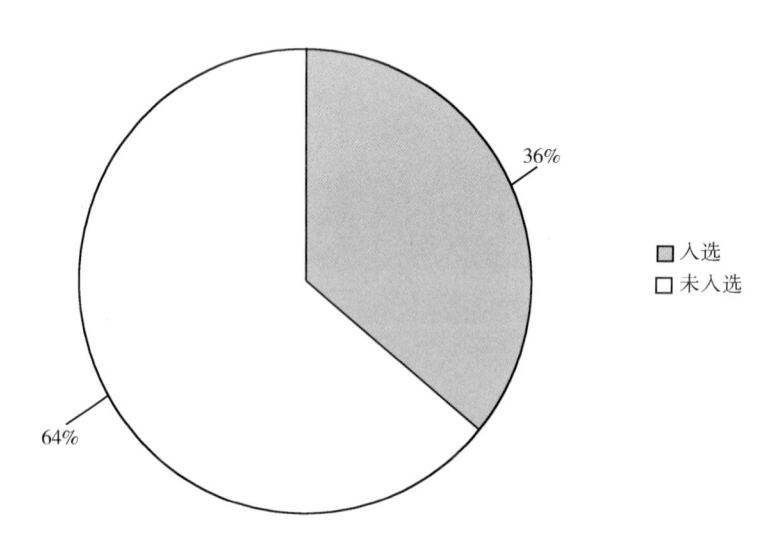

图 3-11 参与问卷填写的学生就读学科入选"双一流"情况

第六节 访谈调查及过程

"访谈"是一种研究性交谈,是研究者通过口头谈话的方式从被研究者那里收集第一手资料的一种方法。① 访谈包括结构式访谈、无结构访谈和半结构访谈。本书的访谈形式采用半结构式访谈,这种访谈有结构式访谈的严谨和标准化的题目,也给被访者留有较大的表达自己想法和意见的余地,并且访谈者在进行访谈时,具有调控访谈进程和用语的自由度。②

一 访谈提纲

在研究中通过访谈获得来自学生的第一手资料至关重要,因此收集访谈资料作为进行本书的关键阶段,根据研究目的和研究问题,以及通过文献梳理而形成的初步概念框架,研究者拟定了访谈大纲初稿,具体见表3-9。

表 3-9 访谈提纲初稿

层面	访谈提纲
学校支持感	1. 您是如何看待咱们学校入选"双一流"的?您觉得学校对您就读的学科支持情况如何? 2. 您觉得在"双一流"建设中,学校对所有学科专业在各类资源分配上是否公平、公开或者是有倾向性的支持? 3. 学校的强势学科是否会对学校的普通学科产生挤压?咱们学校在"双一流"建设中有没有撤销普通学科专业的做法? 4. 据您所知,咱们学校在"双一流"建设中为普通学科提供过什么条件和支持保障?学校为普通学科专业有哪些解决困难的行动? 5. 在"双一流"建设中,作为学生有没有感受到明显的学科专业压力?据您观察,咱们学校关注到了普通学科专业的学生需求吗?学校为普通学科的学生提供了哪些发展机遇或条件?

---

① 陈向明:《质的研究方法与社会科学研究》,教育科学出版社2000年版,第165页。
② 许红梅等:《教育科学研究方法原理与应用》,黑龙江教育出版社2007年版,第80页。

层面	访谈提纲
学校认同感	6. "双一流"建设已经几年了,这几年咱们学校的"双一流"建设,您作为学生对学校的认同或情感如何? 7. 据您观察学生在咱们学校"双一流"建设中有没有作用?若有的话有哪些作用?学生在咱们学校"双一流"建设中的参与,包括给学校提建议和意见、参与学校的重要活动等,学校是否有相应的反馈? 8. 您就读的学科专业是否入选"双一流"以及学校的支持情况,是否会影响您对学校的认同或情感? 9. 您来咱们学校学习这个学科专业,您与学校的领导、老师、同学等有无距离感?学校"双一流"建设有无对您未来的学习或就业产生影响?若有的话有哪些?
组织公民行为	10. 在学校学习的这几年,特别是学校的"双一流"建设,对您产生了哪些影响? 11. 学校的"双一流"建设之后,您会为学校未来的发展、对他人、对社会有无奉献的想法?若有的话,您会有什么样的想法? 12. 通过学校的"双一流"建设,您对自己现在或未来设想等各方面的要求是否提高了? 13. 作为学生,您对咱们学校"双一流"建设还有哪些建议和意见?包括普通学科建设、普通学科学生的需求等方面

在完成初步访谈提纲后,为了检视访谈提纲的适用性和有效性,研究者选取了6名学生进行了咨询,具体咨询名单见表3-10。

表3-10 访谈提纲咨询学生名单

姓名	学校
苟同学	华南师范大学本科生
刘同学	中国人民大学本科生
郑同学	深圳大学硕士研究生
张同学	中国传媒大学硕士研究生
王同学	北京航空航天大学博士研究生
林同学	中国社科院大学博士研究生

通过学生的检视,大家一致认为整体上访谈提纲内容全面、结构合理、题目数量适当、问句用词准确易懂,本访谈提纲能够实现访谈调查的目的。但是也对学生访谈提纲中的两个地方提出了改进意见:

一是认为"'双一流'建设已经几年了,这几年咱们学校的'双一流'建设,您作为学生对学校的认同或情感如何?"和"您就读的学科专业是否入选'双一流'以及学校的支持情况,是否会影响您对学校的认同或情感？"两题内容高度重复，建议删除后面一题。

二是认为"您来咱们学校学习这个学科专业，你与学校的领导、老师、同学等有无距离感？学校'双一流'建设有无对您未来的学习或就业产生影响？若有的话有哪些？"和"在学校学习的这几年，特别是学校的'双一流'建设，对您产生了哪些影响？"两题内容高度重合，建议删除后面一题。

研究认为，学生提出的改进意见和建议较为合理，为此将本书的访谈提纲进行修改，从而形成最终的访谈提纲（共11题），具体见附件。

二 访谈对象

在选择学生访谈对象时，为了注重学生代表的广泛性和访谈内容的全面性，研究者在北京市"双一流"建设高校中各选取四位本科生、四位硕士生、两位博士生为访谈对象。每所高校选取了一到两名访谈对象，共计在八所高校访谈十名学生。在访谈过程中发现，访谈进行到一半时访谈的信息已经达到饱和程度，基于在资料的饱和程度越高就越容易发展清楚的研究结论之考量，所以做完了十名学生的全部访谈。具体学生访谈资料、背景资料、访谈时间见表3-11所示：

表3-11　　　　　　　　选取访谈对象及其基本资料

编号	学生	背景资料	访谈时间
S01	王同学	A大学本科四年级	2019年5月12日
S02	李同学	B大学本科四年级	2019年5月14日
S03	滑同学	C大学本科四年级	2019年5月15日
S04	洪同学	C大学本科二年级	2019年5月15日
S05	赵同学	D大学硕士研究生三年级	2019年5月18日
S06	李同学	D大学硕士研究生二年级	2019年5月18日
S07	程同学	E大学硕士研究生三年级	2019年5月7日
S08	丁同学	F大学硕士研究生二年级	2019年5月20日
S09	方同学	G大学博士研究生一年级	2019年5月11日
S10	段同学	H大学博士研究生一年级	2019年5月7日

三 访谈过程

研究者在反复确认访谈对象愿意接受访谈并同意录音的情况下，先行通过微信、电子邮件寄送至访谈对象提供意见，然后再敲定访谈时间、地点及内容等，并准备录音笔等进行访谈。在访谈正式开始之前向访谈对象做简短介绍，包括访谈目的、背景、录音使用等，并认真询问对本书及访谈是否还有疑问。在访谈过程中，按照访谈提纲进行访谈，让访谈对象在没有顾虑的情况下充分表达，研究者全神贯注倾听并做好记录和录音。

第七节 访谈资料及整理

一 访谈资料的转录

在每个访谈结束后，立即将访谈录音手工转成逐字稿，在转录过程中及时跟访谈对象通过电话、微信、邮件对内容不详、表述不清的内容进行确认。为保证转录的逐字稿内容不与访谈对象的真实意思产生误差，在每个逐字稿转录完成后，再发给访谈对象进行修改确认。最终转录了710多分钟访谈录音资料，形成了总计36472个字的文字材料。在访谈逐字稿中，字数最多的为7109字，字数最少的为1915字，平均为3647个字。为了方便后续查阅，研究者对每份访谈逐字稿设立了编号同时进行了备份。如"S01"，其中"S"表示学生，"S01"表示访谈的第1名同学。

二 访谈资料的审核

对访谈资料的审核，简言之就是对访谈资料进行审查与核实，保证资料的完整、真实与可靠，从而为资料的进一步整理做好准备。对定性资料的审核包括多个方面，其中真实性审核极为关键。所谓真实性审核是指对收集到的定性资料进行真假辨别，去掉虚假部分、保留真实部分，以达到去伪存真的目的。[1] 在本书中，研究者对收集到的所有访谈录音以及转录

---

[1] 谭祖雪等：《社会调查研究方法》，清华大学出版社2013年版，第180页。

的逐字稿逐一进行了真实性与可靠性审查，首先对录音资料完整性的检查、对访谈逐字稿内容的检查，以及录音资料和初期逐字稿、经访谈校对过的逐字稿之间比对，确保了所有访谈资料的真实性。只有访谈资料的真实性得到保障，研究结论的科学性和权威性才会得到保障。

三　访谈资料的简化

由于在研究中的访谈逐字稿，其中含有一定的重复、无效等内容，因此初步简化访谈资料的主要目的就是"去粗取精"，抽取有效的资料进行整理。研究者根据研究目的、研究问题以及研究设计，对经过真实性和可靠性审查的资料进行再次审查，保留有代表性、有价值的研究资料。[①] 研究者对所有学生访谈资料不断阅读，用以往经验、常识判断，对失真、违背常识、可靠性存疑、内部存在逻辑错误等的访谈资料，还有对研究没有价值、重复、冗杂以及相关性不大的干扰资料予以剔除，从而为后续的资料整理奠定基础。

四　访谈资料的编码

在做好准备、初步整理的基础上，对访谈资料的抽离和浓缩的主要目的是寻找主题或概念间的关系，而归类是较为切适的方式，为此在研究中采用归类的方式进行资料的进一步整理与分析。进行合理归类的过程在很多文献中也被称为"编码"。[②] 编码代表资料所呈现的观点或主题，换言之，根据研究目的和研究问题，将搜收集到的资料根据一定标准进行划分，将相同或相近的内容归入某个类属，从而使原始资料逐步条理化、系统化的过程。本阶段借助 Nvivo12 程序按照科学的编码技术过程进行编码。

第一，一级编码。一级编码是对访谈资料进行整理的初步编码手段，它的主要目的就是整理主题清单。在本书中，其一级编码的具体操作方式为：在已经筛选和分类好的编码参考点的基础上，对资料中呈现

[①] 谭祖雪等：《社会调查研究方法》，清华大学出版社 2013 年版，第 181 页。

[②] Dey, I., Qualitative data analysis: A user-friendly guide for social scientists. London: Routledge, 1993.

的各种主题分配编码标签。这样做的优势就是访谈资料中主题比较容易浮现，以方便发现相应主题，可以建立研究主题的框架。通过 Nvivo12 形成了初步的源节点，如图 3-12 所示。

节点
名称
○ 撤销学科
○ 对普通学科的支持保障
○ 对学科感到失望
○ 对学生产生积极影响
○ 对学校感到自豪
○ 付出努力让学校发展得更好
○ 距离感
○ 倾向性支持
○ 认同感
○ 为普通学科学生解决困难
○ 为普通学科学生提供发展机会
○ 为学校做贡献
○ 无论自己学科怎样都希望学
○ 学科挤压
○ 学科压力
○ 学生之间沟通交流
○ 学生主动提意见
○ 学校关注普通学科学生需求
○ 学校及时反馈学生意见
○ 主动参与学校活动
○ 资源分配没有做到公平公正

图 3-12 访谈资料一级编码源节点图

第二，二级编码。一级编码是对资料本身的初步编码，研究者只是简单地对资料按照一定的主题进行编码呈现，并不分析内部概念间的逻辑关系、意义关系等。而二级编码的任务则是发现和建立概念类属之间的各种联系，以表现资料各部分之间的关联。研究者从已经被编码的初始节点入手，进一步理解和思考资料中呈现的不同主题间的内在关系，在这一过程中，研究者关心的不再是资料本身，而是资料呈现的主题及其相互间的联系。通过 Nvivo12 形成了如下初步的概念和类属关系，如图 3-13、图 3-14、图 3-15 所示。

第三，三级编码。三级编码就是在一级编码和二级编码的基础上，研究者对先前编码中的主题或节点进行对比分析，系统处理主题或节点

第三章 研究设计与方法

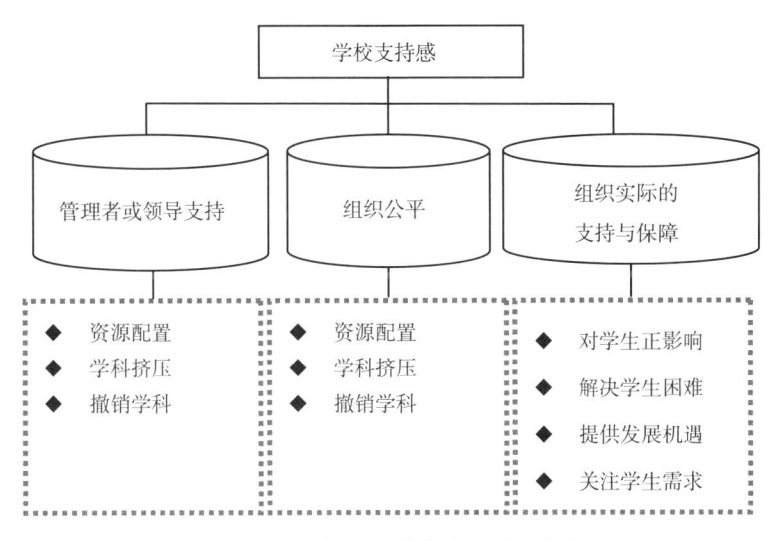

图 3-13 学生访谈资料学校支持感二级编码图

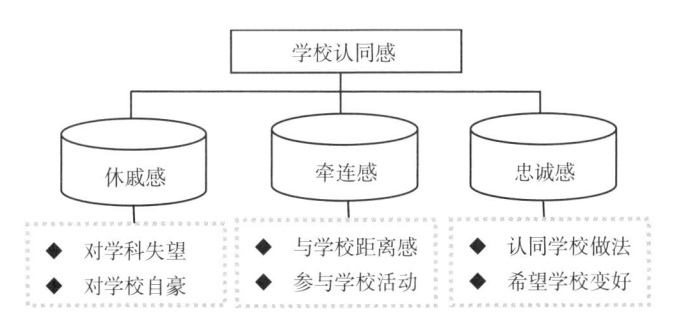

图 3-14 学生访谈资料学校认同感二级编码图

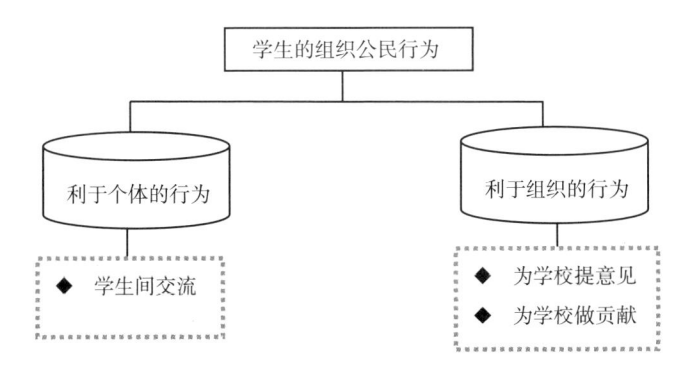

图 3-15 学生访谈资料组织公民行为二级编码图

范畴之间的关系，确定核心主题与次要主题间的联系，构建概念间的相互关系。具体见图 3-16。

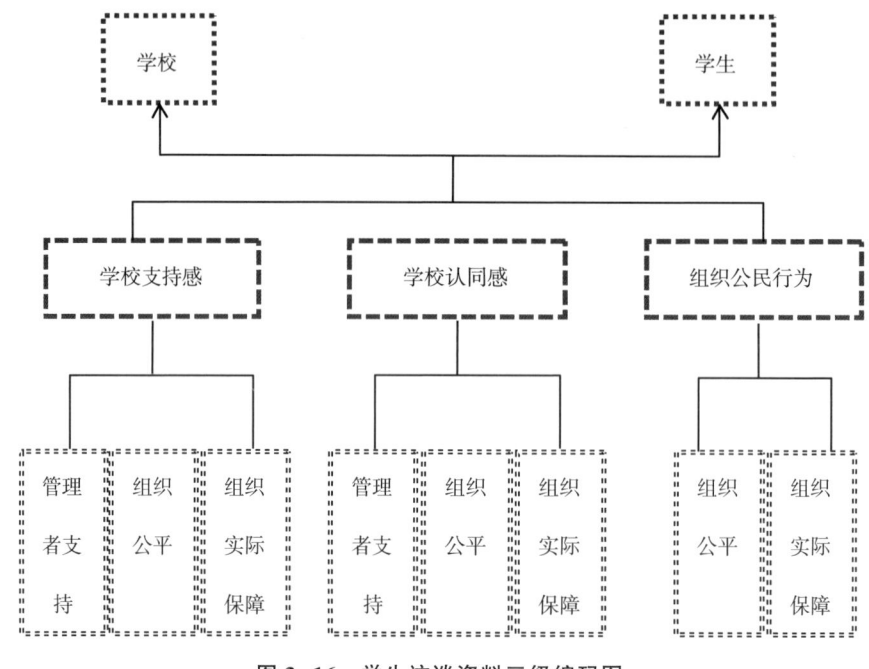

图 3-16 学生访谈资料三级编码图

第八节 研究伦理

研究伦理是学术研究中一个无法回避的问题，它作为进行研究时必须遵守的价值和行为规范，存在于研究的各个方面和全过程之中。遵守研究伦理规范不仅可以使研究者本人"良心安稳"，而且考虑研究伦理可以使研究者更加严谨从事研究工作，从而提高研究本身的质量。① 下面就本书所涉及的研究伦理问题做些说明。

一 选择研究对象阶段

由于本书以高校学生为问卷调查对象、访谈对象。当研究者在选择

---

① 陈向明：《质的研究方法与社会科学研究》，教育科学出版社 2000 年版，第 425 页。

访谈对象时，首先通过电话等方式征求了访谈对象的同意，并提供访谈大纲、说明研究意图，希望让访谈对象能够充分了解本书的目的和内容后，决定是否接受访谈；在访谈之前，事先告诉了访谈对象会进行录音，在个别访谈对象对录音无法接受、拒绝接受访谈时，研究者寻找了其他访谈对象进行深入访谈。在选择问卷调查对象时，提前说明了问卷调查的目的和用途，征得了学生同意后才发放调查问卷。

二 研究资料收集阶段

在访谈开始时，首先请访谈对象签署知情同意书，再次向访谈对象表示出研究资料的保密原则，保证不会泄露访谈对象的工作或学习单位、工作内容等个人资料，以使访谈对象在没有压力的情形下畅所欲言，说出自己真实的所思所想；在访谈过程中，研究者秉承客观真实的研究态度，没有做先入为主或诱导性的引导，没有对访谈对象的言论进行评论，并如实记录了访谈内容；在整理逐字稿时，以尊重访谈对象隐私为原则，对访谈对象进行匿名处理，在逐字稿完成后让访谈对象再次进行核对，保证访谈资料的真实性。调查问卷在发放过程中，为调查对象做好解释工作，说明基本要求和填答规范等，保证了调查问卷的填答质量，从而提升了收集资料的信效度。

三 研究及完成论文阶段

在研究过程中，研究者按照严谨、科学的设计推进研究工作。除了全身心的投入以外，还在研究中不断反思、尽量保持客观中立的研究态度，以避免产生研究偏见。同时还根据研究伦理的要求，保持研究过程的真实有效、搜集资料的有据可查（Babbie, 2004）。为了增强研究的论证说服力，在借鉴和引用他人的研究成果时，严格按照学术规范标明了出处；客观公正表述相关文献，没有断章取义、没有过度推论别人资料。在呈现研究报告时，按照客观真实的原则呈现了相关研究情况，按照保密性原则对需要保密的资料进行了匿名化处理。在论文完成后，研究者将相关录音资料及逐字稿纪录予以销毁，做到长久保护研究对象隐私。

第四章 研究发现

第一节 普通学科学生的学校支持感现况

学校支持感是学生对学校产生组织认同的基础,研究发现当前普通学生感知的学校支持并不乐观。包括学校管理者的支持、学校组织公平方面、学校日常实际保障三个方面。

一 普通学科学生感知的学校管理者的支持

就学校领导或管理者支持方面而言,35.9%的学生认为学校相关领导对普通学科专业给予的关注不够,37.2%的学生认为学校并没有为普通学科的发展出台专门的规章制度等,53.8%的学生认为学校在"双一流"建设中对普通学科专业并未给予政策上的倾斜支持,有43.6%的学生认为学校行政人员在日常工作中并未以身作则推动普通学科发展,43.6%的学生认为在"双一流"建设中学校上下并未形成全方位支持普通学科发展的格局。正如他们在访谈中所言:

> 学校对我们专业的支持情况不太好。因为在资源上面的分配不太重视吧,学校没有什么政策支持,然后在师资方面都是算比较贫瘠的。(S02)
> 我觉得看对比吧,就是说因为我们学校最好的学科就是□□学科,然后我们学科对比□□学科,它毕竟是入选的(学科),我们对于它来说教育资源情况其实是差了很多……我们这种(专业)就业形势比较单一,基本上都是去□□公司、□□公司,这种单位对于专业知识方面有要求的,但是我们专业没有安排这些东西,所以

我们就这样要去蹭他们的这些课，这是自愿的。所以我觉得不够重视。（S04）

我们这个学科在□□□□大学太边缘了。……对我们学科好像没啥支持。没有任何参与感，就是感觉热闹是别人的热闹，是那些比如□□□□"双一流"学科学生的。会看到他们经常做很多活动，感觉人家的画风是活泼、丰富的，但是我们自己的画风就是整天看书、看书、看书，感觉没有办法融入学校。（S05）

咱们这个专业，我自己感觉没有得到学校领导的重视，只是说我没有感受到重视，感觉力度没有那么明显的这种感受（明显支持）。（S05）

我觉得实至名归吧，还是很骄傲的。支持情况的话，之前有老师说过，这如果有一些资金拨过来的时候，其实还是最先拨给强势学科，然后我们这边就会弱一些，拨的资金就会少一些或者不拨。（S06）

学校对我们学科的支持情况，我觉得不好。这里我还是有很多话想说的，先说的是硬件方面的话，我们学院是低于高精尖，我们只有一层楼，研究院只有一层，而□□□□大学□□学科院是有一幢楼……所以硬件设施不行……反正还有很多（不足）吧。学校领导的话，我觉得也不是特别重视。……如果它重视的话，肯定会入选"双一流"学科……我认为学校是有能力、有实力，也有这个办法让这个□□学科更高更强，但是没有去做，"非不能为也是不想也"。所以学校也没有这种政策支持。（S10）

二 普通学科学生感知的学校组织公平方面

就学校组织公平方面而言，29.5%的学生认为学校对所有学科专业在各类资源分配上并没有彰显公平，有34.6%的学生认为"双一流"建设学校在资源分配中的公平性"一般"。从具体的程序和标准方面而言，有15.4%的学生认为"双一流"建设中校内各学科专业参与各类资源分配的程序略失公平，35.9%的学生认为校内资源分配的程序"一般"；43.6%的学生认为在"双一流"建设中，校内各学科专业参与各类资源分配等的标准公开性不够。正如他们在访谈中所言：

> 这个我感觉就是他们可能会在□□学院有这种倾向性，他们有那个实验班啊之类的，包括他们在保研的时候，可能也会有一定优势，我们就没有。（S01）

> 我觉得有倾向的支持，我们刚刚说的工科的那些专业，他们就会有外教课，有专门的国际班，他们可以上完以后就直接输送到国外，有配给工作啊之类的。像我们学院，□□□□学科、□□□□学科、□□□□学科等等，人特别少，每个专业只有一个班……所以在师资或者是各种其他资源的分配上，其实也会有倾向。（S02）

> 我觉得说实话，它（学校）不是很公正，公开的话是公开的。就是基本上我们学校当然也是在努力的，想要做到公正，但是毕竟是因为我们是一个专业性比较强的学校，所以基本上大部分的资源还是拢在□□学科这一块。（S04）

> 我觉得还是有偏颇，就像刚才说的在强势学科上可能有更多的资金支持，我们普通学科就会少一点。（S06）

> 公开的，但是公平的话还是有倾向性，但是也无可厚非，毕竟你强的话做的东西要深，所需要的力度、资金啊或者是什么实验室或者人才，就从人力、财力、物力方面都得要支持他们往深做了，对吧。学校在做宣传时，一般会拿"双一流"的入选学科□□方面举例子。（S08）

> 我认为是有很大的倾向性支持，不公开、不公平。……它（学校）的强势学科，是给予强烈的支持的……但像我们这种普通学科，像□□研究院什么的，就没有这么大的支持，不管是硬件方面还是软件方面……是否做到公开和公平，我觉得也没有。特别是学校在建设学校的过程中，对一些学科的支持方面，也没征求过学生的建议，甚至好多事都是实现了之后学生才知道，所以我认为没做到这个公平公开。（S10）

三　普通学科学生感知的学校日常实际保障

就学校实际的支持与保障方面而言，在"双一流"建设中，有50%的学生认为学校并未为普通学科的发展提供优越环境；有52.6%的学生认为学校在解决普通学科专业存在的各种困难上努力不够；57.7%的学生认为学校并没有明显关注到普通学科专业的需求；有16.7%的学生认为学校并没有为普通学科专业学生提供特别的发展机遇，39.7%的学生认为学校为普通学科的学生提供的发展机遇很一般；有16.7%的学生认为学校很不重视普通学科学生的满意度，37.2%的学生认为学校对普通学科学生的满意度关注度一般。如他们在访谈中所言：

（解决困难方面）我感觉我们学校的学生工作做得很一般，就是就业呀什么的。就是我记得别的学校，学校会给安排实习，然后我们是自己找，所以他们就是会注重这一方面，对我们没有硬性要求，然后我们实习就比较水，因为我们也不知道去哪里提意见，所以没有注意到学校给我们学科解决过什么问题。(S01)

没有提供过什么条件和支持吧。因为其实我们也知道学校这个属性，其实就很少去提这些东西，我们可能反馈的也少，所以学校解决的也少。(S02)

还是有一点觉得受到了不公平的待遇，我就当时去蹭□□（强势学科）的课的时候，就总觉得自己在一个比较不受关注的学科，就会觉得比较难过，因为资源什么都是强势学科那边的，就会很羡慕他们，他们可以上到那么多的课，有那么好的老师去教。(S04)

三个专业在一个学院里，所以我觉得学校没有提供过什么条件和支持。(S05)

好像没有主动解决我们的困难。比如说我们现在就是觉得实践能力很弱，这个专业是一个与社会稍显脱节的专业，所以就只是在这个领域里让我们深入（学习）知识，没有更多的让我们和社会联系，没有直接给予支持。(S06)

比如说师资，没有解决这个问题，甚至还有提高要求，就逼老师走，因为现在学校为了提高排名嘛，这种整体的排名，学校把所有的压力就下放给老师，老师已经不是终身制了，要三年一聘或者五年一聘，所以得出成果，比如英文期刊要发多少篇。这个情况对普通学科的教师要求更高。（S10）

总之，学校支持感是包括学校管理者的支持、学校组织公平方面、学校日常实际保障三个方面，学生的感受都不太乐观，通过Nvivo12可视化分析图（图4-1）非常直观地显示了这一点，在这些方面学生的负向情绪比较重。

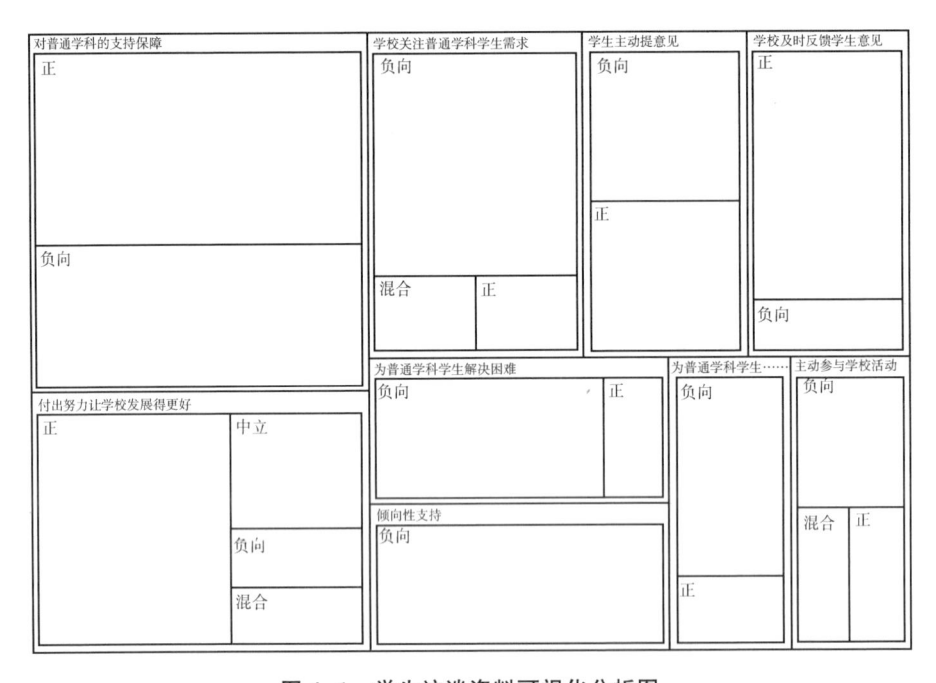

图4-1　学生访谈资料可视化分析图

第二节　普通学科学生感知的学校认同现况

在"双一流"建设中，学生在对学校支持感知的基础上会形成对学校的认同感，研究发现目前学生形成的学校认同感较为一般。如前文所言，组织认同感包括休戚感、牵连感、忠诚感三个方面。

一 普通学科学生的休戚感

就休戚感方面而言，在"双一流"建设中，有33.3%学生对目前就读的学科专业没有产生"很荣幸"感觉，有33.3%的学生产生的感觉"一般"；针对学校存在的问题，65.4%的学生没有"好像是我自身发生了问题"的感觉；38.5%的学生认为学校奋斗的目标似乎与自己并没什么关系；42.4%的学生并没有认为自己会为学校的"双一流"建设能有所贡献；甚至有52.5%的学生没有想过自己能够为学校争光。如他们在访谈中所言：

在一个学校里面有重点学科也有普通学科，然后大家都抓着那个重点学科不放的时候，其他学科的学生就是散养状态，所以没什么压力可言。可能压力就是自己给自己的那种，就是社会压力。（S02）

其实学校无论它有没有入选"双一流"，我学习的这个学科在□□□□大学都是很边缘，让我感觉对学校都是没有归属感。（S05）

我的学科没有入选，学校支持情况也不是特别高，一定程度上会影响我对学校的认同或情感。（S10）

二 普通学科学生的牵连感

就牵连感方面而言，在"双一流"建设中，有20.5%的学生没有"感觉自己是学校里重要的一份子"，28.2%的学生对此的感觉较为一般；45.4%的学生没有"如果少了我，学校就少了一份重要的力量"的感觉；有46.1%的学生并不关注学校的发展信息；也有48.8%的学生没有觉得"关注学校是我生活中重要的一部分"；46.2%的学生感觉自己对学校提出的意见或建议没有得到学校的采纳；70.5%的学生认为对于自己为学校付出的努力并未得到学校的关注或肯定；有51.3%的学生对学校举办的各类活动并不十分乐意参加。正如他们在访谈中所言：

我感觉就是我们也没有去提过要求，学校也没有说是特别主动的想听听我们的意见。就大家就是这样，平常的过。（S01）

我们是两个校区，然后学校领导在第一个校区，跟他们几乎是零交流。（S01）

其实我到现在对□□□□大学还是没有归属感，就是还是觉得自己好像就是只是在这个地方住，在这儿念书，没感觉到自己作为一种"我是□□□□大学人"的这种强烈的归属感。（S05）

我没有提过意见，其实学校有那种什么学术季之类的（活动），但是我们都没有怎么参与过。所以也没有感受到学校有什么反馈。（S05）

觉得来了之后，和学校之间比较疏离。（S06）

三 普通学科学生的忠诚感

就忠诚感方面而言，在"双一流"建设中，有一半的学生希望学校变得更好，但还有一半的学生并没有明显的"愿意学校变得更好"的期待；有51.3%的学生在问到"不管我就读的学科专业如何，我仍愿学校各方面得到发展"时，给出了直接否定或"一般"的答案；有16.7%的学生对于学校的工作，并没有尽力完成的意愿；有17.9%的学生目前对于学校发展，没有明确的付出努力的想法；还有20.5%的学生在未来对学校并没有奉献力量的意愿；24.3%的学生认为并非"每个学生都有义务为学校的发展服务"。正如他们在访谈中所言："目前我对学校对待普通学科的态度很失望，但是没丧失过希望"（S10）。

第三节　普通学科学生的组织公民行为现况

研究发现在"双一流"建设中，学生对学校产生的组织公民行为较为一般，如前文所言，组织公民行为包括利于个体的行为、利于组织的行为两个方面。

一　普通学科学生利于个体的行为

就利于个体的行为方面而言，在"双一流"建设中，虽然大部分同学乐于帮助有需要的同学，善于听取同学的问题与烦恼，会主动与同学、老师等分享一些有用的信息，也比较珍惜在校的学习和生活时光，但是还有32%的学生对帮助同学一事表现得并不积极，有33.3%的学生对倾听同学的问题与烦恼的兴趣不大，32.1%的学生也不一定会与同学、老师等分享一些有用的信息。正如他们在访谈中所言："从学校层面来说，如果学校是'双一流'的话，我对学校会有更多的认同感，会积极参与到学校建设里面，有建议的话会及时地跟学校分享，会积极地去表达意见"（S10）。

二　普通学科学生利于组织的行为

就利于组织的行为方面而言，在"双一流"建设中，虽然大部分学生会积极为学校的发展建言献策、主动对外介绍或宣传学校的优点、努力维护学校的形象及声誉等，但是还有较大比例的学生没有强烈的利组织行为。比如有43.5%的学生并不一定会为学校的发展建言献策、34.7%的学生未必会主动对外介绍或宣传学校、21.8%的学生未必维护学校的形象及声誉等，有37.2%的学生未必愿意付出额外的努力来协助学校发展，也有27%的学生在毕业后未必会为学校做贡献。正如他们在访谈中所言：

> 奉献，我还没有考虑过这种问题，但是像之前一些校友，他们的力度应该会比较大，像□□单位一些有名的人，他们都是从这里毕业出去的，经常会支持一下，比如说设立了奖学金之类的。如果我将来也能成为这种人，我也会建立奖学金这类来奉献的。（S06）
>
> 有过为他人奉献的想法，但是都是以我自身情况比较好了的情况下，我会反哺这个学校。比如说捐钱啊，但那前提也是要等我挣了钱或者有了比较好的工作之后。（S08）
>
> 所以我认为这个"双一流"建设，在学校层面就是认同感会更高，我会有奉献的想法。对他人与对社会的话，因为我们是在这个

□□大学,"国之栋梁"的色彩会浓一点,社会参与感很重,我觉得会对他人对社会有更多奉献的想法,会想着为国家做点什么,为民族做点什么,为社会做点什么。比如我想着毕业后能为西部教育做点贡献,但是不会停留在支教层面,我觉得这太初步了,具体我也还没想好,因为我自己是西部来的,所以也有一点想为家乡做贡献的想法,同时学校也有这种氛围。(S10)

第四节 不同背景变项下普通学科学生的学校支持感差异情况

在"双一流"高校中,研究发现不同背景变项下普通学科学生的学校支持感有显著差异。具体为不同就读年级、个人身份、学科类别三个不同背景变项下学生的学校支持感均有显著差异。

一 不同就读年级学生的学校支持感差异情况

本阶段采用平方和、平均值平方、F值、显著性P值等进行统计分析。得出不同就读年级学生的学校支持感变异数,如表4-1所示。

表4-1   不同就读年级学生的学校支持感变异数分析

	平方和	df	平均值平方	F	显著性
群组之间	6.338	4	1.584	3.349	0.011
在群组内	86.103	182	0.473		
总计	92.441	186			

本阶段研究将就读年级分为一年级、二年级、三年级、四年级和其他,通过表4-1可以看出,通过对不同就读年级学生的学校支持感的群组分析,得出群组之间的平均值平方为1.584,群组内的平均值平方为0.473,通过对组间和组内差异的对比可以得出F值为3.349,p值为0.011,小于0.05,由此可以看出,不同就读年级学生的学校支持感有显著差异,假设1-1结论成立。

二 不同个人身份学生的学校支持感差异情况

本阶段研究采用平方和、平均值平方、F 值、显著性 P 值等进行统计分析。得出不同个人身份学生的学校支持感变异数，如表 4-2 所示。

表 4-2　　　　　　不同身份学生的学校支持感变异数分析

	平方和	df	平均值平方	F	显著性
群组之间	5.106	4	1.277	2.601	0.014
在群组内	89.336	182	0.491		
总计	94.442	186			

本阶段研究将学生身份分为本科生、硕士研究生和博士研究生，通过表 4-2 可以看出，通过对不同学生身份对学校支持感的群组分析，得出群组之间的平均值平方为 1.277，群组内的平均值平方为 0.491，通过对组间和组内差异的对比可以得出 F 值为 2.601，p 值为 0.014，小于 0.05，由此可以看出，不同个人身份学生的学校支持感有显著差异，假设 1-2 结论成立。

三 不同学科类别学生的学校支持感差异情况

本阶段研究采用平方和、平均值平方、F 值、显著性 P 值等进行统计分析。得出不同学科类别学生的学校支持感变异数，如表 4-3 所示。

表 4-3　　　　　　不同学科学生的学校支持感变异数分析

	平方和	df	平均值平方	F	显著性
群组之间	11.174	11	1.016	2.187	0.017
在群组内	81.267	175	0.464		
总计	92.441	186			

本阶段研究将就不同学科分为理学、工学、农学、医学、经济学、管理学、法学、哲学、教育学、文学、历史学、军事学、艺术学和其他。从表 4-3 可以看出，通过对不同学科学生对学校支持的群组分析，得出群组之间的平均值平方为 1.016，群组内的平均值平方为 0.464，

通过对组间和组内差异的对比可以得出 F 值为 2.187，p 值为 0.017，小于 0.05，由此可以看出，不同学科类别学生的学校支持感有显著差异，假设 1-3 结论成立。

综上，在"双一流"高校中，不同背景变项下普通学科学生的学校支持感有显著差异的假设成立。

第五节　不同背景变项下普通学科学生的学校认同感差异情况

在"双一流"高校中，研究发现不同背景变项下普通学科学生的学校认同感有显著差异。具体可以分为不同就读年级、个人身份、学科类别三个不同背景变项下学生的学校认同感均有显著差异。

一　不同就读年级学生的学校认同感差异情况

本阶段研究采用平方和、平均值平方、F 值、显著性 P 值等进行统计分析。得出不同就读年级学生的学校认同感变异数，如表 4-4 所示。

表 4-4　　不同就读年级学生的学校认同感变异数分析

	平方和	df	平均值平方	F	显著性
群组之间	4.132	4	1.033	2.419	0.016
在群组内	77.804	182	0.427		
总计	81.936	186			

通过前述可知本阶段研究将就读年级分为一年级、二年级、三年级、四年级和其他，从表 4-4 可以看出，通过对不同就读年级学生对学校认同感知的群组分析，得出群组之间的平均值平方为 1.033，群组内的平均值平方为 0.427，通过对组间和组内差异的对比可以得出 F 值为 2.419，p 值为 0.016，小于 0.05，由此可以看出，不同就读年级学生的学校认同感有显著差异，因此假设 2-1 结论成立。

二　不同个人身份学生的学校认同感差异情况

本阶段研究采用平方和、平均值平方、F 值、显著性 P 值等进行统计分析。得出不同个人身份学生的学校认同感变异数,如表4-5所示。

表4-5　　　　不同身份的学生在学校认同感知的变异数分析

	平方和	df	平均值平方	F	显著性
群组之间	3.436	4	0.859	2.007	0.037
在群组内	77.890	182	0.428		
总计	81.326	186			

本阶段研究将学生身份分为本科生、硕士研究生和博士研究生,从表4-5可以看出,通过对不同学生身份对学校认同感知的群组分析,得出群组之间的平均值平方为0.859,群组内的平均值平方为0.428,通过对组间和组内差异的对比可以得出F值为2.007,p值为0.037,小于0.05,由此可以看出,不同个人身份学生在学校认同感方面呈现显著差异,假设2-2结论成立。

三　不同学科类别学生的学校认同感差异情况

本阶段研究采用平方和、平均值平方、F值、显著性P值等进行统计分析。得出不同学科类别学生的学校认同感变异数,如表4-6所示。

表4-6　　　　不同学科类别学生的学校认同感变异数分析

	平方和	df	平均值平方	F	显著性
群组之间	10.147	11	0.922	2.281	0.013
在群组内	70.779	175	0.404		
总计	80.925	186			

通过上述可知本阶段研究将就不同学科分为理学、工学、农学、医学、经济学、管理学、法学、哲学、教育学、文学、历史学、军事学、艺术学和其他共14个学科。从表4-6可以看出,通过对不同学科学生对学校认同感知的群组分析,得出群组之间的平均值平方为0.922,群组内的平均值平方为0.404,通过对组间和组内差异的对比可以得出F值为2.281,p值为0.013,小于0.05,由此可以看出,不同学科学生在学校认同感方面呈现显著差异,假设2-3成立。

综上,在"双一流"高校中,不同背景变项下普通学科学生的学校认同感有显著差异的假设成立。

第六节 不同背景变项下普通学科学生的组织公民行为差异性

在"双一流"高校中,研究发现不同背景变项下普通学科学生的组织公民行为有显著差异。具体为不同就读年级、个人身份、学科类别三个不同背景变项下学生的组织公民行为均有显著差异。

一 不同就读年级学生的组织公民行为差异

本阶段研究采用平方和、平均值平方、F值、显著性P值等进行统计分析。得出不同就读年级学生的组织公民行为变异数,如表4-7所示。

表4-7 不同就读年级学生的组织公民行为变异数分析

	平方和	df	平均值平方	F	显著性
群组之间	4.249	4	1.062	2.236	0.034
在群组内	86.443	182	0.475		
总计	87.692	186			

通过前述可知本阶段研究将就读年级分为一年级、二年级、三年级、四年级和其他,从表4-7可以看出,通过对不同就读年级学生对组织公民行为的群组分析,得出群组之间的平均值平方为1.062,群组内的平均值平方为0.475,通过对组间和组内差异的对比可以得出F值为2.236,p值为0.034,小于0.05,由此可以看出,不同就读年级学生在组织公民行为方面呈现显著差异,假设3-1成立。

二 不同个人身份学生的组织公民行为差异

本阶段研究采用平方和、平均值平方、F值、显著性P值等进行统计分析。得出不同个人身份学生的组织公民行为变异数,如表4-8

所示。

表 4-8　　　不同个人身份学生的组织公民行为变异数分析

	平方和	df	平均值平方	F	显著性
群组之间	5.179	4	1.295	2.856	0.025
在群组内	82.513	182	0.453		
总计	87.692	186			

本阶段研究将学生身份分为本科生、硕士研究生和博士研究生，通过表4-8可以看出，通过对不同学生身份对组织公民行为的群组分析，得出群组之间的平均值平方为1.295，群组内的平均值平方为0.453，通过对组间和组内差异的对比可以得出F值为2.856，p值为0.025，小于0.05，由此可以看出，不同个人身份学生的组织公民行为呈现显著差异，假设3-2成立。

三　不同学科类别学生的组织公民行为差异

本阶段研究采用平方和、平均值平方、F值、显著性P值等进行统计分析。得出不同学科类别学生的组织公民行为变异数，如表4-9所示。

表 4-9　　　不同学科类别学生的组织公民行为变异数分析

	平方和	df	平均值平方	F	显著性
群组之间	9.536	11	0.867	1.941	0.037
在群组内	78.156	175	0.447		
总计	87.692	186			

通过上述可知本阶段研究将不同学科分为理学、工学、农学、医学、经济学、管理学、法学、哲学、教育学、文学、历史学、军事学、艺术学和其他共14个学科。通过表4-9可以看出，通过对不同学科学生对组织公民行为的群组分析，得出群组之间的平均值平方为0.867，群组内的平均值平方为0.447，通过对组间和组内差异的对比可以得出F值为1.941，p值为0.037，小于0.05，由此可以看出，不同学科学

生在组织公民行为方面呈现显著差异,假设3-3成立。

综上,在"双一流"高校中,不同背景变项下普通学科学生的组织公民行为有显著差异的假设成立。

第七节 普通学科学生的学校支持感与学校认同感相关程度

在"双一流"高校中,本阶段研究采用皮尔森相关分析,发现普通学科学生的学校支持感与学校认同感之间存在显著相关关系,如表4-10所示。

表4-10 学生的学校支持感与学校认同感皮尔森相关

			学校认同感
学校支持感	皮尔森(Pearson)相关		0.720**
	显著性(双尾)		0.000
	N		187
	重复取样b	偏差	−0.001
		平均数的错误	0.032
		95%信赖区间 下限	0.652
		95%信赖区间 上限	0.777

通过表4-10可以看出,"双一流"高校中普通学科学生的学校支持感与学校认同感的皮尔森相关为0.720,双尾显著性小于0.001,具有显著相关性。通过95%的信赖区间可以看出,区间为0.652—0.777,不包含零,同样可以验证普通学科学生的学校支持感与学校认同感具有显著相关性,假设4-1成立。

第八节 普通学科学生的学校支持感与组织公民行为相关程度

在"双一流"高校中,研究采用皮尔森相关分析,发现普通学科学生的学校支持感与组织公民行为之间存在显著相关关系,如表4-11所示。

表 4-11　　学校支持感与组织公民行为的皮尔森相关

			学生组织公民行为
学校支持感	皮尔森（Pearson）相关		0.598**
	显著性（双尾）		0.000
	N		187
	重复取样[b]	偏差	0.001
		平均数的错误	0.042
		95% 信赖区间 下限	0.520
		上限	0.677

通过表 4-11 可以看出，"双一流"高校中普通学科学生的学校支持感与组织公民行为的皮尔森相关为 0.598，双尾显著性小于 0.001，具有显著相关性。通过 95% 的信赖区间可以看出，区间为 0.520—0.677，不包含零，同样可以验证普通学科学生的学校支持感与组织公民行为之间具有显著相关性，假设 4-2 成立。

第九节　普通学科学生的学校认同感与组织公民行为相关程度

在"双一流"高校中，采用皮尔森相关分析，研究发现普通学科学生的学校认同感与组织公民行为之间存在显著相关关系，如表 4-12 所示。

表 4-12　　学生的学校认同感和组织公民行为皮尔森相关

			组织公民行为
学校认同感	皮尔森（Pearson）相关		0.856**
	显著性（双尾）		0.000
	N		187
	重复取样[b]	偏差	0.000
		平均数的错误	0.018
		95% 信赖区间 下限	0.819
		上限	0.888

通过表4-12可以看出,"双一流"高校中普通学科学生的学校认同感与学生组织公民行为的皮尔森相关为0.856,双尾显著性小于0.001,具有显著相关性,通过95%的信赖区间可以看出,区间为0.819—0.888,不包含零,同样可以验证普通学科学生的学校认同感与组织公民行为之间具有显著相关性,因此假设4-3成立。

第十节 学生的学校支持感、认同感对其组织公民行为的预测力

在"双一流"高校中,采用多元回归分析,研究发现普通学科学生的学校支持感与学校认同感对其组织公民行为有显著预测力,如表4-13所示。

表4-13　　　　　　　学生组织公民行为的回归模型分析

模型		非标准化系数		标准化系数	T	显著性
		B	标准错误	Beta		
1	(常数)	1.844	0.203		9.073	0.000
	学校支持感	0.583	0.057	0.598	10.155	0.000
2	(常数)	0.661	0.151		4.385	0.000
	学校支持感	0.337	0.053	0.038	6.358	0.000
	学校认同感	0.919	0.057	0.883	16.072	0.000

运用逐步多元回归对学生的学校支持感、学校认同感对组织公民行为进行分析。从表4-13可以看出,学校支持每增加一个标准差,对学生组织公民行为因素增加0.337个标准差,学校认同每增加一个标准差,对学生组织公民行为因素增加0.919个标准差。通过标准化系数可以看出,学校支持感每增加一个单位,对学生组织公民行为因素增加0.038个单位,学校认同感每增加一个单位,对学生组织公民行为因素增加0.883个单位,且均呈现显著影响,公式如下:

$$Y = 0.661 + 0.337X_1 + 0.919X_2$$

由上可以得知,在影响因素中,学校认同感的影响要强于学校支持感对学生组织公民行为的影响。

综上，通过 Nvivo 进行节点聚类分析得到关系图，如图 4-2 所示，"双一流"高校的学校管理者在日常工作中对普通学科的支持不够，普通学科学生的学校支持感不佳；对普通学科学生的需求关注不够，在各类资源分配上的公平性欠缺；普通学科专业学生形成的学校认同感较为一般。普通学科学生的组织公民行为，包括利于个体或组织的行为方面都存在不太乐观的方面。由于普通学科学生的学校支持感、认同感及组织公民行为互相之间存在显著相关关系，同时学生的学校支持感与学校认同感对其组织公民行为有预测力，因此会对学校的发展产生不利的结果，有必要引起高校的关注。

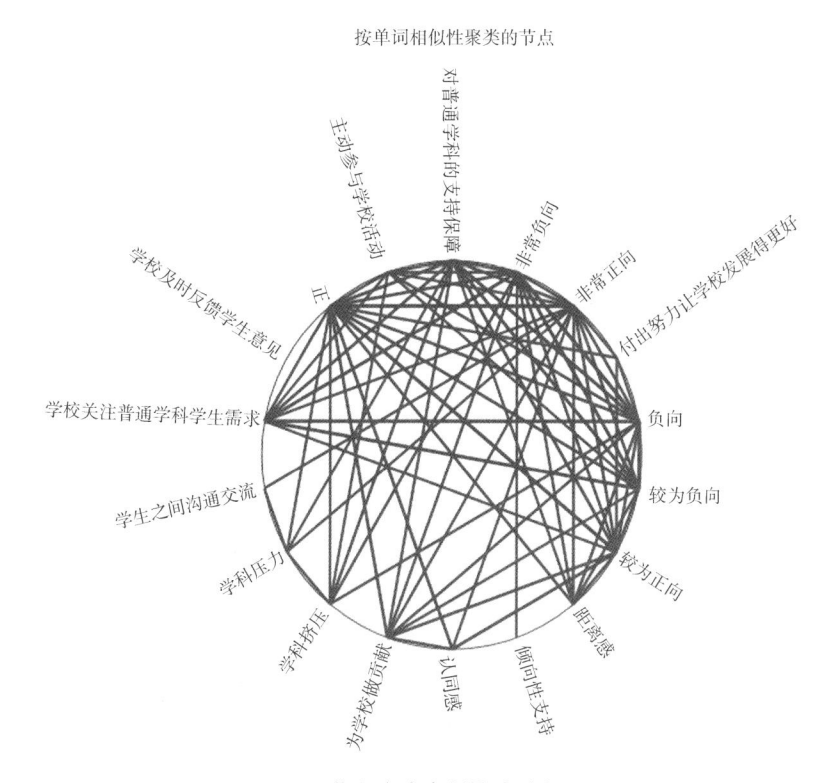

图 4-2 学生访谈资料聚类分析图

第五章 结论与建议

第一节 研究结论

本书针对研究问题,根据研究发现和分析讨论,主要得出以下几点结论:

第一,在"双一流"高校中,学校管理者在日常工作中对普通学科的支持不够,普通学科学生的学校支持感不佳。

与高校普遍较为重视已经入选"双一流"的学科相比,相关高校对于普通学科的重视程度不够,部分高校还出现了撤销一些较为弱势的普通学科专业等做法,从而导致普通学科学生的学校支持感不好,学生对于高校领导或管理者在日常工作中对普通学科的支持情况较为关注,在这些学生看来学校相关领导对普通学科专业给予的关注不够、没有为普通学科的发展出台专门的规章制度、对普通学科专业并未给予政策上的倾斜支持等,在"双一流"建设中学校上下并未形成全方位支持普通学科发展的格局。

第二,相关高校"双一流"建设中,对普通学科学生的需求关注不够,在各类资源分配上的公平性欠缺。

高校的组织公平是推进"双一流"建设的重要方面。首先,在宏观上,各类资源的分配直接影响着相关学科的发展。现实中高校对所有学科专业在各类资源分配中在彰显公平性方面欠佳,一方面是参与各类资源分配的程序略失公平,另外一方面是参与各类资源分配的标准公开性不够。其次,在微观上,公平对待每个学科、关注各学科学生需求是"双一流"建设中组织公平的内在要义,当前在现实中相关高校在"双一流"建设中,对普通学科学生的需求关注不够,比如在解决普通学科专业存在的各种困难、为普通学科的学生提供的学习和发展机遇等并非理想。

第三，在"双一流"高校中，普通学科专业学生形成的学校认同感较为一般。

学生在对学校支持感知的基础上会形成对学校的认同感，研究结果显示目前虽然部分学生的学校认同感较强，但是还有很大比例的学生形成的学校认同感较为一般。首先，普通学科学生的休戚感方面，很多学生认为学校奋斗的目标似乎与自己并没什么关系、没有认为自己会为学校的"双一流"能有所贡献等；其次，普通学科学生的牵连感方面，在"双一流"建设中很多学生不太关注学校发展，同时高校对于学生的建言献策等参与治理的行为没有给予及时的反馈；再次，普通学科学生的忠诚感方面，不少学生认为并非"每个学生都有义务为学校的发展服务"，同时也缺少明确付出的意愿。

第四，在"双一流"高校中，普通学科学生的组织公民行为，包括利于个体或组织的行为方面都不太乐观。

学生组织公民行为的形成依赖于学校支持感和认同感，在"双一流"建设中，虽然相关高校大部分普通学科学生形成的组织公民行为尚可，但是还有相当比例的学生形成的利于他人或组织的行为并不乐观。首先，利于他人行为方面，部分学生对帮助同学一事、倾听同学的问题与烦恼等的兴趣不大；其次，利于组织行为方面，部分学生对维护学校的形象及声誉、对外介绍或宣传学校的优点等方面不太积极，部分学生在毕业后为学校做贡献的意愿较为单薄。

第五，在"双一流"高校中，不同背景变项下普通学科学生的学校支持感、认同感及组织公民行为均有显著差异。

在"双一流"高校中，不同背景变项下普通学科学生的学校支持感、认同感及组织公民行为均有显著差异。具体而言就是在不同就读年级、个人身份、学科类别等背景变项下普通学科学生在学校支持感、认同感及组织公民行为方面均有显著差异。

第六，在"双一流"高校中，普通学科学生的学校支持感、认同感及组织公民行为互相之间存在显著相关关系，而且学生的学校支持感与学校认同感对其组织公民行为具有预测力。

在"双一流"建设中，相关高校普通学科学生的学校支持感、学校认同感与组织公民行为互相之间存在显著相关关系；普通学科学生感知的学校支持每增加一个单位，学生的组织公民行为因素就随之增加 0.038 个单位；普通学科学生的学校认同感每增加一个单位，学生的组织公民行为就随之增加 0.883 个单位；在对组织公民行为的影响因素中，学校认同感要明显强于学校支持感对学生组织公民行为的影响。

综上所述，研究发现相关高校对于普通学科的重视程度不够，部分高校甚至出现了撤销一些较为弱势的普通学科专业等做法，从而导致普通学科学生的学校支持感不好。现实中高校对所有学科专业在各类资源分配中在彰显公平性方面欠佳，宏观上一方面是参与各类资源分配的程序略失公平，另一方面是参与各类资源分配的标准公开性不够。微观上，公平对待每个学科、关注各学科学生需求是"双一流"建设中组织公平的核心，然而相关高校在"双一流"建设中，对普通学科学生的需求关注不够，为普通学科的学生提供的学习和发展机遇等并不非常理想。首先在普通学科学生的休戚感方面，很多学生认为学校奋斗的目标与自己并没什么关系，没有认为自己会为学校的"双一流"有所贡献等；其次，普通学科学生的牵连感方面，很多学生不太关注学校发展，同时高校对于学生的建言献策等参与管理的行为没有给予及时的反馈；再次，在普通学科学生的忠诚感方面，不少学生认为并非"每个学生都有义务为学校的发展服务"，同时也缺少明确付出的意愿。虽然相关高校大部分普通学科学生形成的组织公民行为尚可，但是还有相当比例的学生形成的利于他人或组织的行为并不乐观。部分学生对帮助同学、倾听同学的问题与烦恼等事情的兴趣不大，部分学生对维护学校的形象及声誉、对外介绍或宣传学校的优点等方面不太积极，部分学生对于毕业后为学校做贡献的意愿较为单薄。在不同就读年级、个人身份、学科类别等背景变项下，普通学科学生在学校支持感、认同感及组织公民行为均有显著差异。在对组织公民行为的影响因素中，学校认同感要明显强于学校支持感对学生组织公民行为的影响。

第二节　改进建议

针对目前的现实情况，在"双一流"建设中为了加强相关高校对普通学科的支持，从而提升普通学科学生的学校认同感及其组织公民行为，根据我国国情和高校实际，特提出以下一些建议和意见。

一　对学校的建议

（一）加强对普通学科的支持

如前文所述"双一流"建设以绩效为导向，实施动态调整机制。因此，许多高校不顾学科生态平衡，为在"双一流"中胜出，在资源稀缺的情况下不惜合并或撤销部分实力较弱的普通学科。本书认为按照学科生态论高校内部各学科构成一个生态系统，若高校的普通学科得不到持续支持甚至出现撤销普通学科等情况，会严重影响到学科生态的稳定性。

研究者建议在"双一流"建设背景下，高校管理者须站在学校长远发展和整体规划的视角下尊重学科发展规律，因为不同的学科有不同的发展路径和成长周期，不同的学科承担的使命和责任也各不相同，同时在不同的时代，学科的发展也会呈现出不同的特点。由于"双一流"建设不是短期工作，而是新形势下我国重点推进的国家战略，因此高校管理者应该尊重学科发展的规律，对待普通学科不应该一味地采取撤并等手段，而应该给予必要的帮助和支持，目前的普通学科也会成为未来的优势学科。

另一方面，如前文所述高校的普通学科众多，在此过程中受影响的学生比较多，从培养合格人才的角度而言，相关高校在"双一流"建设中，对普通学科给予必要的支持和发展，正如普通学科学生访谈所言，"单纯从建设'双一流'学校来说的话，其他的学科专业也得去丰富它，包括师资力量、包括那个各种活动，都要去做，不能说只抓强势学科这一方面的……一个学校要强的话，你不能说（靠）一个（强势学科）。你要总体实力真的更强的话，每一个专业肯定都要均衡发展、均衡变强"（S04），"还是希望就是再平衡一点，就是更加关注一下普通学科的建设"（S06），"不仅要加强已经很优秀的'双一流'学科的建设，也要适当的提一下，就是帮助一下普通学科。比如说科研经费的支持、一些实验室配套设施的支持"（S08）。高校在支持普通学科的过程中，作为学生是最直接的受益者，因此也会最直接的感受到的学校对于普通学科的支持，可以转化为学生的支持感和认同感，从而有利于高校的长远发展。

（二）促进学科间交叉融合

如前文所述，高校的各个学科共同构成了学科生态系统，在该生态系统中每个学科承担的角色和责任各不相同，而且各个学科之间是彼此相依、共同支持的关系，换言之，优势学科离不开普通学科、普通学科也离不开优势学科。

没有良好的学科生态，就不可能生发一流学科。研究者认为，在"双一流"建设背景下，须尊重学科发展的内在逻辑，依托入选"双一流"的优势学科带动普通学科发展，优势学科与普通学科开放交流、交叉融合有利于充分激发普通学科的内生动力，推动普通学科的持续发展。正如学生访谈所言，"可以是学科之间互相的结合，比如说我们强势学科现在很时兴的，就比如说□□□，□□□包括是□□□□学科方面的发展，也可以与□□□相结合起来，糅成一个更大一点的学科，就是集百家之长。……所以希望学校可以把这几个专业在合并成一个融百家之长的大学科，这样的话也是依托强势学科，拉动了普通学科的发展"（S09），这种优势学科与普通学科交叉融合就会成为产生学科生长点的重要方面，目前在全世界很多知名高校都在致力于打破学科壁垒，促进学科之间的协同发展。

（三）合理分配各类资源

学科发展离不开人、财、物的资源的支撑（褚照锋、陈廷柱，2020），如前文所述，在"双一流"建设过程中，相关高校对优势学科加大人才、经费、平台等诸方面的重点支持，正如学生所言的"他们有那个实验班啊之类的，包括他们在保研的时候，可能也会有一定优势，我们就没有"（S01），"在师资或者是各种其他资源的分配上，其实也会有倾向"（S02），"在强势学科上可能有更多的资金支持，我们普通学科就会少一点"（S06），由于高校的优势学科在争取各方面资源的过程中具有极强的竞争力，然而普通学科由于不具备相应的话语权和竞争能力，在资源配置中往往陷于被动的地位，如果长期对优势学科进行重点支持、不对普通学科进行照顾的话，就会形成强学科越来越强、弱学科越来越弱的情况。高校内部资源的配置关系到相关学科师生的切身利益，目前高校选择什么样的方式进行资源配置都是一种价值和利益选择。高校管理者作为高校组织中的庞大科层组成，对高校内部资源的配置起着关键作用，正如韦伯（1993）所言"高校组织不可避免地经历专门化运营，从而变成官僚化和科层化的机构"，的确如此，伴随着高校组织规模的扩张，高校管理者通过不同手段来完成对内部资源的控制以及对教师的规训等（Foucault，1977）。为此建议，高校管理者着眼学校长远发展，用发展的视角和以人为本的理念对待各个学科的资源配置问题。就像学生访谈所言"我觉得资源也不能集中在一个学科"（S04），对于普通学科在日常资源配置中给予必要的支持和倾斜，包括师资队伍建设、基础设施与设备、日常经费、相关指标分配、配套条件等，"希望学校对普通学科可以更多关注一点，就是最起码要解决一些硬件设施方面的一些问题"（S02）；"希望学校能多搞点基础设施（建设），因为我们的实验室真的特别水（差）"（S03）；"能不能想想把硬件，不管是学习空间还是生活空间再有所扩充。真正的给学生有一个更好的学习、生活空间"（S10）。除此之外，高校应该从宏观角度完善内部资源配置的规章制度、决策程序、分配标准等。

（四）强化以学生为本的理念

研究结果显示，诸多高校在"双一流"建设中为了追逐学科建设绩效而产生的一些功利性做法，如盲目撤销一些普通学科，在资源分配上倾向入选"双一流"的优势学科等做法。如前文所述，在"双一流"建设中入选"双一流"建设的优势学科数量较少，相比较而言绝大部分普通学科没能入选"双一流"建设，因此这些功利性做法对普通学科学生的学校支持感乃至学校认同感产生了影响。研究者认为，在"双一流"建设中诸高校产生功利性做法的深层次原因在于缺乏以学生为本的理念。

办学理念是高校办学的价值取向和发展的指导思想，为高校办学治校起着指引作用，同时也指导着学科建设的价值和走向。自高校这类组织产生以来，高校的核心职能始终是人才培养，而学科是人才培养的载体。但是随着社会的发展，在某种意义上高校学科建设开始向功利主义、实用主义靠拢，从而逐渐偏离了原本的轨道。在"双一流"建设中，近些年来我国高校学科建设在追逐排名、科研等显示度较高的内容时，忽视了学生的主体地位和价值。在推进"双一流"建设的新形势下，高校学科建设有必要重新确立以学生为本、以学生为主体的理念（吴启迪，1999；钟秉林、赵应生，2010）。如果不重拾高校育人的本质和属性，那么在"双一流"建设中高校学科建设就会走向歧途，就像雅斯贝尔斯（1991）告诫的那样，"不能无视学生的现实处境和精神状况"。因此，高校在"双一流"建设中应该坚持以学生为本的理念。

（五）营造民主的校园氛围

当前我们正处在一个民主化的时代，民主观念已经深入人心，因此营造高校民主的人文氛围和环境就显得极为必要。高校在推进"双一流"建设的过程中，"在抓硬指标的同时不要忽略学校氛围、制度设计合理性等软实力"（W），尤其是要营造民主的校园氛围，因此建议高校需转换教育坐标、明确办学趋向、厘清思想源流，采取有效措施促进教育中的人本值（储朝晖，2016）。具体而言高校应该有意识地营造关心学生、尊重学生、爱护学生，为学生的成人成才提供良好的氛围（眭依凡，2004），有意识地营造民主的环境。应该如被访对象所言的那样，"我觉得□□□□大学的整体氛围，还就没有那种民主开放的感觉，我们还跟小孩似的，（学校）叫老师管着我们，我们就很听话的那种，没有主动参与意识"（S01）。国家在"双一流"建设方案中明确提出完善民主管理、发挥学生等在参与民主决策中的作用，从而提升学生的主体意识，如他们访谈所言的"希望学校多倾听不同的声音，采纳好的建议"（W）、"做出决定前应该征集学生意见，学生参与学校相关事务"（W）等，对于学生的参与，如"发表建议或者在学校邮箱提意见"（S07）等，及时给予反馈，以防止"导致普通学科的学生对学校的认同感降低，对学科的认同感降低"（S07）。

（六）强化管理者为学生服务的意识

高校管理者作为构成高校的重要主体，是统筹高校发展的管理人员，同时也是在高校中拥有行政权力的特殊主体，他们的认知、态度、行为是学生形成对学校支持感、认同感的重要基础和源泉。本研究发现，在"双一流"建设过程中，相关高校与普通学科学生之间的交流和沟通并不顺畅，学生对高校的建言献策得不到及时的反馈等，使得学生与学校产生了较大的距离感，"学校的领导可能还是会有一些距离感"（S02）、"领导是比较有距离感……没接触过学校领导，没有见到学校领导的机会"（S04）、"这个不太清楚，我也没提过意见和建议。因为觉得来了之后，和学校之间比较疏离。"（S06）、"跟学校领导呢，就会觉得这学校领导是一种高高在上的感觉，又特别是□□学科的，领导对学科不重视，对学生就更加不重视"（S10），从中可以看出目前高校管理者的学生观念不强，以人才培养、为学生服务的办学初衷有所弱化，为此建议强化高校管理者的服务与认知，以有效改进普通学科学生的学校支持感、学校认同感较低的现实。

邓小平曾说"领导就是服务"，服务是领导的基本职责。正如梅贻琦所言"我这个大学校长是帮教授搬凳子的"，换言之，高校管理者就是服务员，做好服务是管理者的本质工作。在"双一流"建设过程中高校管理者应该正视学生切实需求，面对新形势新问题要正视自身存在的思想观念、知识认知方面的缺陷，管理者应该意识到自己是服务员、而不是领导者的角色定位，认真履行服务职责，为学生学习与生活做好服务保障工作。

二 对学生的建议

（一）培养主人翁意识，加强集体荣誉感

自我服务意识是建立在主人翁意识的基础上，因此大学生在高校中需要培养主人翁意识，从心理到意识都逐步诚挚起来，建立完整的人格。所谓主人翁意识所蕴涵的是对组织的肯定和认同，是自身反馈的责任和使命。这个完整的概念所倡导的是奉献、投入，是难能可贵的自发行为。在人格的发展过程中，学生的主人翁意识能激发学生的使命感，进而产生自豪感，使之积极主动与学校齐心协力朝着既定目标前进；主人翁意识能激发学生们的创造力与凝聚力，使之尊重自己的学校，在学习中奋发进取，积极创新，为学校发展作贡献。然而研究结果显示，许多学生仍未转变自己的身份，从心理和仪式上未将自己认知为成熟的成

年人，因此教会学生如何进行分析、促进思考的自主性、行为的自我制约，也是培养主人翁意识的一个相当重要的途径。如学生所言，

"我感觉就是我们也没有去提过要求，学校也没有说是特别主动的想听听我们的意见。就大家就是这样，平常的过。

我觉得□□□□大学的整体氛围，还就没有那种民主开放的感觉，我们还跟小孩似的，（学校）叫老师管着我们，我们就很听话的那种，没有主动参与意识。

就是只是觉得学校入选'双一流'还挺好的，但是我感觉对学校的，就像您说的就是没有那种学生的权利意识。"（S01）

"因为其实我们也知道学校这个属性，其实就很少去提这些东西，我们可能反馈的也少，所以学校解决的也少。"（S02）

"可能我自己没有去了解，来了这个学校以后，有可能是我自己的原因，基本上整天就图书馆宿舍，两点一线，基本不太了解学校的政策。

其实我到现在对□□□□大学还是没有归属感，就是还是觉得自己好像就是只是在这个地方住，在这儿念书，没有感觉到自己作为一种'我是□□□□大学人'的这种强烈的归属感。"（S05）

"保障好像是有，但是我没什么了解。"（S08）

培养主人翁意识，首先需要进行自我剖析，提高自身积极性。其次，应该积极参与学校的集体活动。参与活动能够培养信心，也可以提升自己的口头表达能力和思想水平。当学生们有了参与意识，给自己一个锻炼、成长的机会，自己的长处也能够得以表现，从而实现良性循环。

（二）发挥学生会凝聚力作用

学生会的作用有以下几点：组织开展校内活动促进同学全面发展；倡导良好的校风、学风，协助学校建设良好的教学秩序、学习和生活环境，维护学生合法、正当权益，促进学生之间、学生与教师之间的紧密团结；协助学校解决学生遇到的学习、生活问题；参与协商学校民主管理以及协调议决等。研究发现，一些高校的学生会并没有充分体现自身

第五章 结论与建议

价值和发挥自身作用,如学生们所言,

"我还是希望(能改变),就是不知道这样应该是从学生方面来改变,还是学校有没有办法去(改变),就是校风的建设。

(解决困难方面)我感觉我们学校的学生工作做得很一般,就是就业呀什么的。就是我记得别的学校,学校会给安排实习,然后我们是自己找,所以他们就是会注重这一方面,对我们没有硬性要求,然后我们实习就比较水,因为我们也不知道去哪里提意见,所以没有注意到学校给我们学科解决过什么问题。"(S01)

"我认为在各类资源分配上是没有做到公平和公开的。在名额分配上我觉得它没有及时的告知相关老师和相关学生,学生也不清楚这个名额为什么就分配了,学生也没什么知情权,老师也没有知情权,没有做到公平和公开。"(S07)

研究者认为,首先学生会应该真正做到倾听呼声,从学生的切身利益出发,及时向学校反映学生的正确意见和要求,做到下情上传去解决学生的实际困难;其次,学生会应同时起到上情下达的作用,让学生及时了解学校的决策内容以及最新情况,拉近学校与学生之间的距离。

学生会同时兼具着协助学校思政部门工作的职责,这份工作也是老师与学生之间互信的情感纽带。学生会工作的有效开展,能够帮助学校营造稳定、和谐的校园文化氛围,并且激发、加深学生对学校的认同与归属。

(三)学生干部树立榜样

学生干部在学校教育、管理工作中具有"桥梁和纽带"的作用,他们是学校决策与学生群体之间的桥梁,也是教师与学生之间的桥梁。同时,学生干部也是学校建设中重要的参与者、声誉的维护者、政策的支持者。学生干部在学生群体中是骨干力量,起到带头作用。研究过程中发现,许多学校的学生干部并没有融入学生群体并发挥自身的作用,如他们所言,

"我们自己的画风就是整天看书、看书、看书,感觉没有办法

融入学校。"（S05）

"我也没主动争取过，我不知道别人有没有。"（S08）

"学生之间更多是充满竞争的意识，没有合作意识，所以距离感非常强。

每个同学之间也有距离感，因为每个同学从本科就树立一种竞争文化，来□□大学大多数是通过这个保研来的，哪怕是考研，也是通过竞争，考了非常高的分数，要过关斩将挺不容易，所以学生之间更多是充满竞争的意识，没有合作意识，所以距离感非常强。表面上非常和谐，但其实暗地里竞争，没有凝聚感和热情的氛围。"（S10）

学校是微型社会，学生身处其中应该学会赏识他人，既要虚心学习其他同学的优点，同时也要包容别人的不足。因为在集体生活中没有人能够永远一帆风顺，每个人都会遇到困难，同学之间互相帮助，改正不足，在互勉中与同学们共进，而不是只顾竞争，满足自己的好胜心。组织中每一位成员都应该具备集体意识，从而产生对集体的归属感，因此学生干部应当树立榜样，起到模范带头作用，如学生干部应该根据学校与学科的实际情况，积极开展健康、有意义的校园活动。学生干部应当培养自己的管理者意识，积极承担教育管理者的职责。

学生干部应主动与其他同学接触、沟通、交流，了解同学们的真实想法，成为同学们表达意见的代表，甚至是精神领袖。同时，也应当成为老师们的好助手，协助学校与教师做好各项学生工作。

第三节 研究展望

一 在研究议题方面

本研究的核心目的在于调查"双一流"高校中，普通学科学生的学校支持感、学校认同感及其组织公民行为，这为"双一流"建设提供学生视角，对于高校推进"双一流"建设等具有重要价值和意义。在研究过程中，很多高校存在撤并普通学科等情况，那么在此过程中作为重要的利益相关者，教师的学校支持感、学校认同感以及组织公民行为又是怎样的，这个议题对于完善国家"双一流"政策等具有战略性价值，因此以后在有条件时，笔者会进行深入研究，从而为国家推进"双一流"建设有所贡献。

二　在研究方法方面

首先，本研究受限于时间，开展时间为首轮"双一流"建设时间内，数据只可作为历史参考依据。2022年2月，教育部等三部委研究并报国务院批准，公布了第二轮"双一流"建设高校及建设学科名单（见附件三），以及给予公开警示（含撤销）的首轮建设学科名单（见附件四）。给予公开警示的首轮建设学科，应加强整改，2023年接受评价，更加体现出"双一流"政策的动态调整及学科建设的新发展趋势，需要引起高校重视。其次，研究中虽然采用混合研究范式中的解释性序列研究，但研究主要依据问卷调查、访谈所得到的第一手资料展开，在研究过程中可能存在学生对于学科建设等的认知差异，导致对问卷题目、访谈问题等的回答不够非常准确等情况。未来在条件允许时，可以采用更多样的研究方法，比如案例研究、观察、大数据等，进一步深化对本问题的研究，使得研究更加深入。

三　在研究工具方面

本研究所使用的研究工具，系研究者参考相关学者的相关文献及问卷等修改编制而成"'双一流'高校普通学科学生的学校支持感、认同感及其行为研究调查问卷"，问卷虽经专家检视、学生检视以及前测等程序，在严格按照研究规范进行信度与效度计算的基础上，成为正式问卷，但或许本问卷仍有不合理之处。未来在条件允许时，笔者将追踪研究，从而为研究"双一流"建设中普通学科学生的学校支持感、认同感及其行为等提供更为完善的问卷，以供其他学人共同使用。

参考文献

一 专著

陈向明：《质的研究方法与社会科学研究》，教育科学出版社 2000 年版。

何东昌：《中华人民共和国重要教育文献（1991—1997）》，海南出版社 1998 年版。

何东昌：《中华人民共和国重要教育文献（1976—1990）》，海南出版社 1998 年版。

何东昌：《中华人民共和国重要教育文献（1949—1975）》，海南出版社 1998 年版。

许红梅等：《教育科学研究方法原理与应用》，黑龙江教育出版社 2007 年版。

[德] 马克斯·韦伯：《支配社会学》，康乐等译，远流出版事业股份有限公司 1993 年版。

[美] 约翰·W. 克雷斯威尔：《混合方法研究导论》，李敏谊译，格致出版社、上海人民出版社 2015 年版。

[美] 华勒斯坦：《开放社会科学》，刘峰译，三联书店 1999 年版。

[德] 卡尔·西奥多·雅斯贝尔斯：《什么是教育》，邹进译，三联书店 1991 年版。

刘献君：《大学之思与大学之治》，华中科技大学出版社 2000 年版。

全国十二所重点师范大学联合编写：《教育学基础》，教育科学出版社 2008 年版。

[法] 米歇尔·福柯：《知识考古学》，谢强等译，生活·读书·新知三联书店 2003 年版。

谭祖雪等：《社会调查研究方法》，清华大学出版社 2013 年版。

翟亚军：《大学学科建设模式研究》，科学出版社 2011 年版。

张庆动：《论文写作手册》（增订四版），台湾心理出版社 2011 年版。

中央教育科学研究所：《中华人民共和国教育大事记（1949—1982）》，教育科学出版社 1984 年版。

二 期刊论文

别敦荣：《"双一流"建设与大学管理改革》，《中国高教研究》2018 年第 9 期。

别敦荣：《论大学学科概念》，《中国高教研究》2019 年第 9 期。

曹兰芳等：《分类管理视角下高校教师工作投入及差异研究》，《黑龙江高教研究》2019 年第 4 期。

陈恩伦等：《"双一流"建设第三方评价的实施构想》，《大学教育科学》2018 年第 3 期。

陈世伟等：《"双一流"建设背景下地方高校内部治理体系和治理能力现代化研究》，《黑龙江高教研究》2019 年第 2 期。

陈学飞：《理想导向型的政策制定——"985 工程"政策过程分析》，《北京大学教育评论》2006 年第 1 期。

陈燕等：《"双一流"建设的地方行动：基于政策的文本分析》，《研究生教育研究》2018 年第 4 期。

仇勇等：《高校教师的组织公民行为：内涵结构、测量方法与群体差异》，《黑龙江高教研究》2018 年第 6 期。

褚庆鑫等：《大学生"村官"组织公民行为影响机制实证研究》，《南京社会科学》2013 年第 3 期。

褚照锋、陈廷柱：《多学科类型学院的运行困境与发展对策》，《高校教育管理》2020 年第 1 期 。

崔建华：《北京高等教育的学科生态特征分析》，《北京工业大学学报》（社会科学版）2009 年第 9 期。

杜嫱等：《高校教师离职倾向及学术权力感知的作用》，《中国高教研究》2019 年第 9 期。

杜玉波：《怎样建设中国特色的"双一流"》，《中国高等教育》2017年第19期。

杜育红等：《学科分类与教育量化研究质量的提升》，《华东师范大学学报》（教育科学版）2019年第4期。

董云川等：《动态、多样、共生："一流学科"的生态逻辑与生存法则》，《江苏高教》2017年第1期。

段鹏等：《"双一流"建设背景下行业特色型大学的学科建设与发展》，《中国高等教育》2018年第23期。

葛建华等：《员工社会化、组织认同与组织公民行为：基于中国科技制造企业的实证研究》，《南开管理评论》2010年第1期。

顾来红：《学科生态：大学可持续发展的原生动力》，《中国科学报》2018年8月7日第7版。

郝天侠：《高校教师组织支持感、组织情感承诺及组织公民行为关系研究》，《西北大学学报》（哲学社会科学版）2011年第2期。

郝文武：《教师教育学科建设为谁、谁建、怎样建》，《教师发展研究》2018年第4期。

贺祖斌：《"双一流"建设背景下地方高校的内涵式发展》，《中国大学教学》2018年第9期。

瞿振元：《第四轮学科评估的思考》，《光明日报》2016年11月22日第14版。

许百华等：《组织支持感研究进展》，《应用心理学》2005年第4期。

许多等：《中国组织情境下的组织公民行为》，《心理科学进展》2007年第3期。

许玲燕等：《组织认同视角下高校引进青年教师的成长路径研究》，《当代教育科学》2016年第17期。

黄俊平等：《构建内生发展驱动的学科自我评估体系——以北京大学为例》，《学位与研究生教育》2015年第7期。

姜红等：《高校教师组织认同的现状及其与工作绩效的关系》，《经济与管理研究》2015年第12期。

姜红等：《高校教师人格特征与工作绩效的关系：组织认同的调节

作用》,《教师教育研究》2017年第1期。

康宁等:《"985工程"转型与"双一流方案"诞生的历史逻辑》,《清华大学教育研究》2016年第5期。

李立国:《"双一流"高校的内涵式发展道路》,《国家教育行政学院学报》2018年第9期。

梁拴荣等:《教师组织支持感与组织公民行为的关系:教师组织认同的中介作用》,《江西师范大学学报》(哲学社会科学版)2014年第5期。

廖春华等:《高校教师组织公民行为对工作绩效的影响研究——基于结构方程的实证分析》,《教育发展研究》2016年第19期。

林庆等:《组织公平组织认同感与组织公民行为关系的实证研究》,《财务与金融》2012年第2期。

刘宝存:《当代中国重点大学建设的回顾与前瞻》,《河北学刊》2009年第4期。

刘宝存等:《国际比较视野下的创建世界一流大学政策研究》,《比较教育研究》2016年第6期。

刘光成等:《一流学科建设与人才培养如何实现协同互动》,《湖南师范大学教育科学学报》2019年第1期。

刘海仁等:《基于复杂系统理论的体育学科生态位研究》,《吉林体育学院学报》2010年第26期。

刘经南:《树立大学科建设理念推进一流学科的跨越式发展》,《中国高等教育》2005年第3期。

刘尧:《"双一流"建设评估困境何以突破》,《江汉大学学报》(社会科学版)2018年第2期。

卢晓中等:《"双一流"建设的中国特色与世界一流》,《国家教育行政学院学报》2018年第9期。

罗静:《教学服务型大学学科生态化发展探讨》,《贵州社会科学》2015年第12期。

申超等:《一流学科建设蓝图是如何描绘的——基于41所"双一流"建设高校建设方案的文本分析》,《高等教育研究》2018年第10期。

沈伊默：《从社会交换的角度看组织认同的来源及效益》，《心理学报》2007 年第 5 期。

沈伊默等：《心理契约破坏感对员工工作态度和行为的影响》，《心理学报》2007 年第 1 期。

宋亚峰等：《我国一流大学建设高校的学科布局与生成机理》，《江苏高教》2018 年第 9 期。

宋亚峰等：《一流大学建设高校的学科生态与治理逻辑》，《高等教育研究》2019 年第 12 期。

苏永建等：《"双一流"背景下中国特色现代大学制度的挑战与应对》，《教育发展研究》2017 年第 13 期。

眭依凡等：《"学科"还是"领域"："双一流"建设背景下"一流学科"概念的理性解读》，《高等教育研究》2018 年第 4 期。

万晓红等：《高校教师组织支持感与组织承诺关系研究》，《社会心理科学》2009 年第 2 期。

王琪：《高职院校教师组织支持感与工作满意度关系研究》，《中国高教研究》2018 第 9 期。

王文军等：《"双一流"学科建设评估体系初探——基于学术表现的综合评估指数构建》，《东南大学学报》（哲学社会科学版）2018 年第 6 期。

王战军：《清理"四唯"创新"双一流"建设评价》，《中国高等教育》2018 年第 23 期。

魏钧等：《组织认同的基础理论、测量及相关变量》，《心理科学进展》2007 年第 6 期。

吴启迪：《创新现代大学办学理念》，《中国高等教育》1999 年第 15/16 期。

吴合文：《"双一流"建设的系统审思与推进策略》，《高等教育研究》2017 年第 1 期。

吴小玮：《省域"双一流"建设政策文本的内容分析》，《中国高教研究》2017 年第 8 期。

吴志明等：《基于社会交换理论的组织公民行为影响因素研究》，《人类工效学》2006 年第 2 期。

武建鑫：《世界一流学科的政策指向、核心特质与建设方式》，《中国高教研究》2019年第2期。

谢维和：《"双一流"政策的关键字分析》，《教育经济评论》2017年第4期。

徐长江等：《对组织公民行为的争议与思考》，《管理评论》2004年第3期。

宣勇：《建设世界一流学科要实现三个转变》，《中国高教研究》2016年第5期。

杨辉等：《"双一流"建设背景下高校学部制改革的逻辑起点、实践目标和路径选择》，《黑龙江高教研究》2019年第8期。

杨金龙：《责任、使命、作为：新时代一流大学建设的探索与实践》，《学位与研究生教育》2018年第9期。

杨频萍等：《"双一流"建设背景下我国学科专业评价创新研究》，《高校教育管理》2018年第6期。

杨扬：《学科评估指标误置下的艺术学科发展难题》，《探索与争鸣》2019年第4期。

杨勇平：《高水平行业特色型大学的学科建设与内涵发展》，《高等工程教育研究》2018年第6期。

姚思宇等：《一流大学和一流学科建设的逻辑关系》，《学位与研究生教育》2019年第1期。

姚兴富：《西方文化传统中的学科分类与人文教育》，《现代交际》2016年第21期。

殷忠勇：《基于学科，重建大学：一流学科建设高校的建设方略》，《江苏高教》2017年第12期。

余洪：《基于"组织公民行为"理论的高校学生干部管理策略》，《扬州大学学报》（高教研究版）2010年第3期。

袁广林：《学术逻辑与社会逻辑——世界一流学科建设价值取向探析》，《学位与研究生教育》2017年第1期。

曾亦斌等：《"双一流"建设背景下行业性院校的学科生态治理研究》，《高教管理》2010年第3期。

翟亚军：《学科分类及相关概念梳理》，《北京邮电大学学报》（社会科学版）2010 年第 2 期。

翟亚军等：《"双一流"建设语境下的学科评估再造》，《清华大学教育研究》2017 年第 6 期。

张梅珍：《行业特色大学综合改革进程中的学科生态重构》，《中国高教研究》2015 年第 12 期。

张来斌：《高水平行业特色型大学"双一流"建设要把握好三对关系》，《高等工程教育研究》2018 年第 6 期。

张立频：《"双一流"背景下公安学学科 CSSCI 数据透视》，《中国人民公安大学学报》（自然科学版）2018 年第 4 期。

张宁俊等：《高校教师职业认同与组织认同关系及影响因素研究》，《教育发展研究》2013 年第 21 期。

张树连：《关于组织支持感的研究评述》，《社会心理科学》2011 年第 3 期。

张伟等：《我国高校一流大学建设的校际经验——基于 6 所高校一流大学建设方案的文本分析》，《中国高教研究》2018 年第 5 期。

张晓波等：《"双一流"建设背景下临床资源整合的机制和对策研究》，《上海交通大学学报》（医学版）2018 年第 9 期。

张胤：《制度视域下的学科分类研究》，《研究生教育研究》2013 年第 5 期。

赵国栋等：《世界一流大学五大评价指标体系的比较、改进及其启示》，《重庆大学学报》（社会科学版）2019 年第 5 期。

赵强：《中小学教师的组织支持感、组织自尊与工作敬业度的关系研究》，《教师教育学报》2016 年第 5 期。

郑湘晋等：《创建和谐学科生态环境 培育优秀学科带头人和创新团队》，《教育理论与实践》2006 年第 26 期。

钟秉林等：《加快建设中国特色的大学文化》，《国家教育行政学院学报》2010 年第 9 期。

周光礼等：《什么是世界一流学科》，《中国高教研究》2016 年第 1 期。

周国华等：《"谁是大学好教师？"——大学教师组织公民行为特点的实证研究》，《教师教育研究》2009 年第 4 期。

周统建：《"双一流"建设高校如何协调发展弱势学科》，《中国高校科技》2018年第10期。

周佑勇：《新时代中国法学研究及学科发展的新任务》，《武汉大学学报》（哲学社会科学版）2019年第2期。

朱旭东等：《"双一流"建设逻辑中师范院校的教师教育学科建设》，《教育发展研究》2018年第9期。

邹逸等：《新教师组织支持感与工作投入关系的实证研究——以入职适应为中介》，《教育学术月刊》2017年第8期。

三 英文文献

Allen, D.G., Shore, L.M., & Griffeth, R.W, "The role of perceived organizational support and supportive human resource practices in the turnover process", *Journal of Management*, Vol.29, No.1, 2003, pp.99-118.

Anderson, W.D., Patterson, M.L, "Effects of social value orientations on fairness judgments", *The Journal of Social Psychology*, Vol.148, No.2, 2008, pp.223-245.

Babbie, E. (2004).*The practice of social research* (10th ed).Belmont, CA：Thomson/Wadsworth.

Bandura, A.& Waiters, R.H.. (1963).*Social learning and personality development*.New York：Holt, Rinehart & Winston Inc.

Barnard, C.I.. (1938). *The Functions of the Executive*.Cambridge, MA：Harvard University Press.

Bateman, T.S., Organ, D.W, "Job Satisfaction and the Good Soldier.The Relationship Between Affect and Employee "Citizenship", *Academy of Management Journal*, Vol.26, No.4, 1983, pp.584-595.

Bishop, J.W., Scott, D.K, Golds by M G, "A construct validity study of commitment and perceived support variables：A multi-point approach across different team environments", *Group & Organization Management*, Vol.30, No.2, 2005, pp.153-180.

Blader, S.L., & Tyler, T.R, "What constitutes fairness in work settings? a four-component model of procedural justice", *Human Resource Man-*

agement Review, Vol.13, No.1, 2003, pp.107-126.

Blau, P. (1964). *Exchange and power in social life*. New York: John Wiley & Sons, Inc.

Borman, W.C., Motowidlo, S.J, "Task performance and contextual performance: The meaning for personnel selection research", *Human Performance*, No.10, 1997, pp.99-109.

Cheney, G. (1982). *Organizational identification as a process or product: A field study*. Unpublished master's thesis, Purdue University.

Cheney, G, "The rhetoric of identification and the study of organizational communication", *Quarterly journal of speech*, Vol. 69, No. 2, 1983, pp.143-158.

Cheney, G, "On the various and changing meanings of organizational membership: A field study of organizational identification", *Communication Monographs*, No.50, 1983, pp.342-362.

Chiang, C., Hsieh, T, "The impacts of perceived organizational support and psychological empowerment on job performance: The mediating effects of organizational citizenship behavior", *International Journal of Hospitality Management*, Vol.31, No.1, 2012, pp.180-190.

Christ, O., Van Dick, R., Wagner, U., & Stellmacher, J, "When teachers go the extra mile: Foci of organizational identification as determinants of different forms of organizational citizenship behavior Among school teachers", *British Journal of Educational Psychology*, Vol. 73, No. 3, 2003, pp.329-341.

Coleman, V.I, Borman, W.C, "Investigating the underlying structure of the citizenship performance domain", *Human Resource Management Review*, Vol.10, No.1, 2000, pp.25-44.

Cronbach, L.J, "Coefficient alpha and the internal structure of tests", *Psychometrika*, Vol.16, No.3, 1951, pp.297-334.

Cropanzano, R., Greenberg, J.. (1997). Progression organizational justice: Tunneling through the maze. In C. L. Cooper & I. T. Robertson (eds). *International review of industrial and organizational psychology* (pp.

317-372).Oxford, England: Wiley.

Dey, I. (1993).*Qualitative data analysis: A user-friendly guide for social scientists*.London: Routledge.

Dick, R.V., Grojean, M.W., Christ, O., & Wieseke, J, "Identity and the extra mile: relationships between organizational identification and organizational citizenship behaviour", *British Journal of Management*, Vol.17, No.4, 2006, pp.283-301.

Dipaola, M & Hoy, W.K, "Organizational citizenship of faculty and achievement of High school student", *High School Journal*, Vol.88, No.3, 2005, pp.35-44.

Dutton, J.E., Dukerich, J.M., & Harquail, C.V, "Organizational images and member identification", *Administrative Science Quarterly*, No.39, 1994), pp.239-263.

Eisenberger R., Stinglhamber F., Vandenberghe C., Sucharski I.L., & Rhoades L, "Perceived supervisor support: contributions to perceived organizational support and employee retention", *Journal of Applied Psychology*, Vol.87, No.3, 2002, pp.565-573.

Eisenberger, R., Ameli, S.R., exwinkel, B., Lynch, P.D., R. & hoades L, "Reciprocation of perceived organizational support", *Journal of Applied Psychology*, Vol.86, No.1, 2001, pp.42-51.

Eisenberger, R., Huntington, R., Hutchison, S, "Perceived organizational support", *Journal of Applied Psychology*, Vol.71, No.3, 1986, pp.500-507.

Eisenberger, R., Jim, C., Stephen, A. & Patrick, L, "Perceived organizational support, discretionary treatment, and job satisfaction", *Journal of Applied Psychology*, Vol.82, No.5, 1997, pp.812-820.

Eisenberger, R., Stinglhamber, F., Vandenberghe, C, "Perceived supervisor support: Contributions to perceived organizational support and employee retention", *Journal of Applied Psychology*, Vol.87, No.3, 2002, pp.565-573.

Farh, J.L., Earley, P.C.& Lin, S.C, "Impetus for Action: A Cultural

Analysis of Justice and Organizational Citizenship Behavior in Chinese society", *Administrative Science Quarterly*, No.42, 1997, pp.421-444.

Farh, J.L., Zhang, C.B.& Organ, D.W, "Organizational Citizenship Behavior in the People's Republic of China", *Organization Science*, Vol.15, No.2, 2004, pp.241-253.

Felfe, J., Franke, F, "Invited reaction: Examining the role of perceived leader behavior on temporary employees' organizational commitment and citizenship behavior", *Human Resource Development Quarterly*, Vol.21, No.4, 2010, pp.343-351.

Foucault, M. (1977). *Discipline and punish: The birth of the prison.* New York: Pantheon Books.

Gautam, T., Dick, R., & Wagner, U, "Organizational identification and organizational commitment: Distinct aspects of two relate concepts", *Asian Journal of Social Psychology*, No.7, 2004, pp.301-315.

George, J.M., Brief, A.Pm "Feeling good doing good: A conceptual analysis of the mood at work organizational spontaneity relationship", *Psychological Bulletin*, No.112, 1992, pp.310-329.

Hutchison, S, "Perceived organizational support: Further evidence of construct validity", *Educational and Psychological Measurement*, Vol.57, No.6, 1997, pp.1025-1034.

Jackson, P. (1999). Diversity and choice. In J. Docking (Ed.), *National school policy: Major issues in education policy for schools in England and Wales*, 1979 Onwards (pp.113-125).London: David Fulton.

Jain, A.K., Giga, S.I.& Cooper, C.L, "Perceived organizational support as a moderator in the relationship between organizational stressors and organizational citizenship behaviors", *International Journal of Organizational Analysis*, Vol.21, No.3, 2013, pp.313-334.

Johnson, R.B.& Onwuegbuzie, A.J, "Mixed methods research: a research paradigm whose time has come", *Educational Researcher*, Vol.33, No.7, 2004, pp.14-26.

Kagan, J, "The concept of identification", *Psychological Review*,

Vol.65, No.5, 1958, pp.296-305.

Katz, D, "The Motivational Basis of Organizational Behavior", *Behavioral Science*, Vol.9, No.2, 1964, pp.131-146.

Knippenberg, D.V., & Vanschie, E.C, "Foci and correlates of organizational identification", *Journal of Occupational and Organizational Psychology*, No.73, 2000, pp.137-147.

Knippenberg, D.V, "Work Motivation and Performance: A Social Identity Perspective", *Applied Psychology*, Vol.49, No.3, 2001, pp.357-371.

Kottke, J.L., Sharafinski, C.E, "Measuring perceived supervisory and organizational support", *Educational and Psychological Measurement*, Vol.48, No.24, 1988, pp.1075-1079.

Kuvaas, B, "An exploration of how the employee-organization relationship affects the linkage between perception of developmental human resource practices and employee out comes", *Journal of Management Studies*, Vol.1, No.1, 2008, pp.1-26.

Lasswell, H.D. (1965).The world revolution of our time: a framework for basic research.In H.D.Lasswell & D.Lerner (Eds.).*World revolutionary elites* (pp.29-96).Cambridge: M.I.T.Press.

Latham, G.P., Millman, Z., Karambayya, R, "Content Domain Confusion Among Researchers, Managers, and Union Members Regarding Organizational Citizenship Behaviour", *Canadian Journal of Administrative Science*, Vol.14, No.2, 1997, pp.206-212.

Lavelle, J.J., Brockner, J., Konovsky, M.A.et al, "Commitment, procedural fairness, and organizational citizenship behavior: A multi-foci analysis", *Journal of Organizational Behavior*, Vol.30, No.2, 2009, pp.337-357.

Mackenzie, S.B., Podsakoff, P.M.& Jarvis, C.B, "The Problem of Measurement Model Misspecification in Behavioral and Organizational Research and Some Recommended Solutions", *Journal of Applied Psychology*, Vol.90, No.4, 2005, pp.710-730.

Mael, F.& Ashforth, B.E, "Social identity theory and the organization", *Academy of Management Review*, Vol.14, No.1, 1989, pp.20-39.

Mael, F.& Ashforth, B.E, "Alumni and their alma mater: A partial test of the reformulated model of organizational identification", *Journal of Organizational Behavior*, No.13, 1992, pp.103-123.

Marique, G., Stinglhamber, F., Desmette, D., Caesens, G. & De Zanet, F, "The relationship between perceived organizational support and affective commitment: a social identity perspective", *Group & Organization Management*, Vol.38, No.1, 2013, pp.68-100.

Messer, B., White, F, "Employees' mood, perceptions offairness, and organizational citizenship behavior", *Journal of Business & Psychology*, Vol.211, No.1, 2006, pp.65-82.

Meyer, J.P.& Allen, N.J, "A three-component conceptualization of organizational commitment", *Human Resource Management Review*, Vol.1, No.1, 1991, pp.61-89.

Miller, V.D., Allen, M., Casey, M.K., & Johnson, J.R, "Reconsidering the organizational identification questionnaire" *Management Communication Quarterly*, No.13, 2000, pp.626-658.

Mowday, R.T., Porter, L.M., & Steers, L.M.. (1982).*Employee organization Linkages. The Psychology of Commitment, Absenteeism, and Turnover.*New York: Academic Press.

Nunnally, J.C. (1978).*Psychometric theory* (2nd ed.). New York: McGraw-Hill.

O'Reilly, C., & Chatman, J, "Organizational commitment and psychological attachment: The effects of compliance, identification, and internalization on pro-social Behavior", *Journal of Applied Psychology*, Vol.71, No.3, 1986, pp.492-499.

Organ, D.W, "The Motivational Basis of Organizational Citizenship Behavior", *Research in Organizational Behavior.*No.12, 1990, pp.43-72.

Organ, D.W. (1988).*Organizational Citizenship Behavior: The Good Soldier Syndrome.*M.A: Lexington Books.

Organ, D. W, "Organizational citizenship behavior: It's construct clean-up time.*Human Performance*, Vol.10, No.2, 1997, pp.85-97.

Organ, D.W., Moorman, R.H, "Fairness in performance monitoring: The role of justice in mediating the relationship between monitoring and organizational citizenship behavior", *Academy of Management Journal*, Vol.36, No.4, 1993, pp.527-556.

OrganD W. (1988b). *Organizational Citizenship Behavior*. Lexington, MA: D.C.Heath and Co.

Ouyang, Y., Kun, S.U, "Understanding employees' organizational citizenship behaviors through the mediating role of corporate social responsibility", *International Research Journal of Applied Finance*, Vol.2, No.1, 2011, pp.29-49.

Parsons, T. (1951).*The social system.*New York, US: Free Press.

Patchen, M. (1970). *Participation, achievement, and involvement on the job.*Englewood Cliffs, NJ: Prentice Hall.

Podsakoff, P.M., Mackenzie, S.B., Paine, J.B., et al, "Organizational Citizenship Behaviors: a Critical Review of the Theoretical and Empirical Literature and Suggestions for Future Research", *Journal of Management*, Vol.26, No.3, 2000, pp.513-563.

Pratt, M.B. (1998).To be or not to be: Central questions in organizational Identification.In D.A.Whetten & P.C.Godfrey (Eds.) I*dentity in organizations* (pp.172-178).Thousand Oaks, CA: Sage.Balmer, & Soenen.

Rauter, & Thomas, N, "Organizational citizenship behaviours in relation to job status, job insecurity, organizational commitment and identification, job satisfaction and work values", *Journal of Occupational & Organizational Psychology*, Vol.77, No.1, 2011, pp.81-94.

Rego, A., Pereira, H., Fernandes, C.& Heredia, M, "Comportamientos de ciudadan a docente, motivaci n y desempe o acad mico", *Revista Latino americana de Psicología*, Vol.39, No.2, 2007, pp.253-268.

Rhoades, L., & Eisenberger, R, "Perceived organizational support: a review of the literature", *Journal of Applied Psychology*, Vol.87, No.4,

2002, pp.698-714.

Riketta, M, "Organizational identification: A meta-analysis", *Journal of Vocational Behavior*, No.66, 2005, pp.358-384.

Seppälä, T., Lipponen, J. & Bardi, A, "Change-oriented organizational citizenship behaviour: an interactive product of openness to change values, work unit identification, and sense of power", *Journal of Occupational & Organizational Psychology*, Vol.85, No.1, 2012, pp.136-155.

Shore, L.M., Tetrick, L.E, "A construct validity study of the survey of Perceived Organizational Support", *Journal of Applied Psychology*. No.76, 1991, pp.637-643.

Smith, C.A., Organ, D.W., Near, J.P, "Organizational Citizenship Behavior: Its Nature and Antecedents", *Journal of Applied Psychology*, Vol.68, No.4, 1983, pp.653-663.

Somech, A., & Drach-Zahavy, A, "Understanding extral role behavior in schools: the relationship between job satisfaction, sense of efficacy, and teachers' extra-role behavior", *Teaching and Teacher Education*, No.16, 2000, pp.649-659.

Somech, A., & Ron, I, "Promoting organizational citizenship behavior in schools: the impact of individual and organizational characteristics", *Educational Administration Quarterly*, Vol.43, No.1, 2007, pp.38-66.

Tajfel, H, "Social identity and inter-group behavior", *Social Science Information*, 1974, No.13, pp.65-93.

Tajfel, H. (1982). *Human groups and social categories: Studies in social psychology*. New York: Cambridge University Press.

Tajfel, H., & Turner, J.C. (1986). The social identity theory of inter-group behavior. In S. Worchel & L.W. Austin (Eds.), *Psychology of inter-group relations*. Chicago: Nelson-Hall.

Tashakkori, A. & Creswell, J.W, "The New Era of Mixed Methods", *Journal of Mixed Methods Research*, Vol.1, No.1, 2007, pp.3-7.

Tekleab, A.G., Takeuchi, R., Taylor, M.S, "Extending the chain of relationship among organizational justice, social exchange and employee reaction: The role of contract violations", *Academy of Management Journal*, Vol.48, No.1, 2005, pp.146-157.

Turner, J.C. (1981).The experimental social psychology of inter-group behavior.In J. C. Turner& H. Giles (Eds.), *Inter - group behavior*. Oxford: Blackwell.

Turner, J.C. (1985).Social categorization and the self-concept: A social cognitive theory of group behavior. In E. J. Lawler (Ed.), *Advances in group processes: theory and research*.Greenwich, CT: JAI press.

Turner, J.C. (1987).*Rediscovering the social group: A self-categorization theory*.New York: Blackwell.

Van Dyne, L., & Lepine, J.A, "Helping and voice extra-role behaviors: evidence of construct and predictive validity", *The Academy of Management Journal*, Vol.41, No.1, 1998, pp.108-119.

Van Dyne, L., Graham, J.W., & Dienesch, R.M, "Organizational citizenship behavior: construct redefinition, measurement, and validation", *The Academy of Management Journal*, Vol.37, No.4, 1994, pp.765-802.

Vandewalle, D., Van Dyne, L., & Kostova, T, "Psychological ownership: An empirical examination of its consequences", *Group and Organization Management*, Vol.20, No.2, 1995, pp.210-226.

Wat, D, Shaffer, M.A, "Equity and relationship quality influences on organizational citizenship behaviors: The mediating role of trust in the supervisor and empowerment", *Personnel Review*, Vol. 34, No. 4, 2005, pp.406-422.

Wayne, S.J., Shore, L.M., & Liden, R.C, "Perceived organizational support and leader - member exchange: a social exchange perspective", *The Academy of Management Journal*, Vol.40, No.1, 1997, pp.82-111.

Weick, K.E, "Educational organizations as loosely coupled systems", *Administrative Science Quarterly*, Vol.21, No.1, 1976, pp.1-19.

Williams, L.J., Anderson, S.E, "Job satisfaction and organizational commitment as predictors of organizational citizenship and in-role behaviors", *Journal of Management*, Vol.17, No.3, 1991, pp.601-617.

附录一　北京市高校入选"双一流"建设学科情况统计表

序号	学校	入选"双一流"学科	入选学科数量
1	北京大学（A）	哲学、理论经济学、应用经济学、法学、政治学、社会学、马克思主义理论、心理学、中国语言文学、外国语言文学、考古学、中国史、世界史、数学、物理学、化学、地理学、地球物理学、地质学、生物学、生态学、统计学、力学、材料科学与工程、电子科学与技术、控制科学与工程、计算机科学与技术、环境科学与工程、软件工程、基础医学、临床医学、口腔医学、公共卫生与预防医学、药学、护理学、艺术学理论、现代语言学、语言学、机械及航空航天和制造工程、商业与管理、社会政策与管理	41
2	清华大学（A）	法学、政治学、马克思主义理论、数学、物理学、化学、生物学、力学、机械工程、仪器科学与技术、材料科学与工程、动力工程及工程热物理、电气工程、信息与通信工程、控制科学与工程、计算机科学与技术、建筑学、土木工程、水利工程、化学工程与技术、核科学与技术、环境科学与工程、生物医学工程、城乡规划学、风景园林学、软件工程、管理科学与工程、工商管理、公共管理、设计学、会计与金融、经济学和计量经济学、统计学与运筹学、现代语言学	34
3	中国人民大学（A）	哲学、理论经济学、应用经济学、法学、政治学、社会学、马克思主义理论、新闻传播学、中国史、统计学、工商管理、农林经济管理、公共管理、图书情报与档案管理	14
4	北京师范大学（A）	教育学、心理学、中国语言文学、中国史、数学、地理学、系统科学、生态学、环境科学与工程、戏剧与影视学、语言学	11
5	北京航空航天大学（A）	力学、仪器科学与技术、材料科学与工程、控制科学与工程、计算机科学与技术、航空宇航科学与技术、软件工程	7
6	北京理工大学（A）	材料科学与工程、控制科学与工程、兵器科学与技术	3

续表

序号	学校	入选"双一流"学科	入选学科数量
7	中国农业大学（A）	生物学、农业工程、食品科学与工程、作物学、农业资源与环境、植物保护、畜牧学、兽医学、草学	9
8	中央民族大学（A）	民族学	1
9	北京交通大学	系统科学	1
10	北京科技大学	科学技术史、材料科学与工程、冶金工程、矿业工程	4
11	北京化工大学	化学工程与技术（自定）	1
12	北京邮电大学	信息与通信工程、计算机科学与技术	2
13	北京林业大学	风景园林学、林学	2
14	北京中医药大学	中医学、中西医结合、中药学	3
15	北京外国语大学	外国语言文学	1
16	中国传媒大学	新闻传播学、戏剧与影视学	2
17	中央财经大学	应用经济学	1
18	对外经济贸易大学	应用经济学（自定）	1
19	中国人民公安大学	公安学（自定）	1
20	中国政法大学	法学	1
21	华北电力大学	电气工程（自定）	1
22	中国矿业大学（北京）	安全科学与工程、矿业工程	2
23	中国石油大学（北京）	石油与天然气工程、地质资源与地质工程	2
24	中国地质大学（北京）	地质学、地质资源与地质工程	2
25	北京体育大学	体育学	1
26	北京工业大学	土木工程（自定）	1
27	首都师范大学	数学	1
28	中国科学院大学	化学、材料科学与工程	2
29	北京协和医学院	生物学、生物医学工程、临床医学、药学	4
30	中央音乐学院	音乐与舞蹈学	1
31	中国音乐学院	音乐与舞蹈学（自定）	1
32	中央美术学院	美术学、设计学	2

续表

序号	学校	入选"双一流"学科	入选学科数量
33	中央戏剧学院	戏剧与影视学	1
34	外交学院	政治学（自定）	1
		一流大学建设高校 8 所，一流学科建设高校 26 所。共计入选"双一流"建设学科 162 个。	

（2022 年新一轮建设学科情况有变化）

附录二　2021年学位授权自主审核单位撤销和增列学位授权点名单

国务院学位委员会文件

学位〔2022〕12号

国务院学位委员会关于下达2021年学位授权自主审核单位撤销和增列的学位授权点名单的通知

有关省、自治区、直辖市学位委员会，有关学位授权单位：

2021年学位授权自主审核单位撤销和增列的学位授权点名单已经国务院学位委员会第三十七次会议审议批准，现印发给你们。

附件：1. 2021年学位授权自主审核单位撤销的学位授权点名单
　　　2. 2021年学位授权自主审核单位增列的学位授权点名单

国务院学位委员会
2022年7月12日

抄送：教育部

附件 1

2021 年学位授权自主审核单位撤销的学位授权点名单

序号	单位名称	撤销学位点代码	撤销学位点名称	撤销学位点类型
1	中国人民大学	0705	地理学	硕士学位授权一级学科
2	北京师范大学	0837	安全科学与工程	硕士学位授权一级学科
3	中国科学院大学	020106	人口、资源与环境经济学	硕士学位授权二级学科

附件 2

2021 年学位授权自主审核单位增列的学位授权点名单

序号	单位名称	增列学位点代码	增列学位点名称	增列学位点类型
1	北京大学	0856	材料与化工	硕士专业学位授权类别
2		0857	资源与环境	博士专业学位授权类别
3		99Z2	数据科学与工程	博士学位授权交叉学科
4		99Z3	整合生命科学	博士学位授权交叉学科
5		99Z4	纳米科学与工程	博士学位授权交叉学科
6	中国人民大学	S0258	数字经济	硕士专业学位授权类别
7		S0259	碳经济	硕士专业学位授权类别
8		0854	电子信息	博士专业学位授权类别
9	清华大学	S0354	国际事务	硕士专业学位授权类别
10		0706	大气科学	博士学位授权一级学科
11		1007	药学	博士学位授权一级学科
12		S1257	医疗管理	硕士专业学位授权类别
13	北京航空航天大学	0708	地球物理学	博士学位授权一级学科
14		0837	安全科学与工程	博士学位授权一级学科
15		9901	空天动力科学与技术	博士学位授权交叉学科
16	北京理工大学	0201	理论经济学	博士学位授权一级学科
17		9901	人工智能	博士学位授权交叉学科
18		9902	碳中和技术与管理	博士学位授权交叉学科

续表

序号	单位名称	增列学位点代码	增列学位点名称	增列学位点类型
19	中国农业大学	0859	土木水利	博士专业学位授权类别
20		9903	农业绿色发展科学与工程	博士学位授权交叉学科
21	北京师范大学	0202	应用经济学	博士学位授权一级学科
22		9902	人工智能	博士学位授权交叉学科
23		0857	资源与环境	博士专业学位授权类别
24	中国科学院大学	0305	马克思主义理论	博士学位授权一级学科
25		0502	外国语言文学	博士学位授权一级学科
26		0825	航空宇航科学与技术	博士学位授权一级学科
27		0854	电子信息	博士专业学位授权类别
28	南开大学	0839	网络空间安全	博士学位授权一级学科
29		0856	材料与化工	博士专业学位授权类别
30		0857	资源与环境	博士专业学位授权类别
31	天津大学	0503	新闻传播学	博士学位授权一级学科
31		0854	电子信息	博士专业学位授权类别
33		1002	临床医学	硕士学位授权一级学科
34		1007	药学	博士学位授权一级学科
35		1051	临床医学	硕士专业学位授权类别
36		1401	集成电路科学与工程	硕士学位授权一级学科
37		99L1	地球系统科学	博士学位授权交叉学科
38	吉林大学	9903	人工智能	博士学位授权交叉学科
39	哈尔滨工业大学	0707	海洋科学	博士学位授权一级学科
40		0854	电子信息	博士专业学位授权类别
41		0856	材料与化工	博士专业学位授权类别
42	复旦大学	S0151	应用伦理	硕士专业学位授权类别
43		S0354	社会政策	硕士专业学位授权类别
44		S0751	气象	硕士专业学位授权类别
45		1052	口腔医学	博士专业学位授权类别
46	同济大学	0301	法学	博士学位授权一级学科
47		0825	航空宇航科学与技术	博士学位授权一级学科
48		9902	知识产权	博士学位授权交叉学科

续表

序号	单位名称	增列学位点代码	增列学位点名称	增列学位点类型
49	上海交通大学	0302	政治学	博士学位授权一级学科
50		0401	教育学	博士学位授权一级学科
51		0813	建筑学	博士学位授权一级学科
52		0859	土木水利	博士专业学位授权类别
53	上海交通大学	S1257	技术转移	硕士专业学位授权类别
54		S1352	数字文创与管理	硕士专业学位授权类别
55	华东师范大学	S0354	党务管理	硕士专业学位授权类别
56		S0554	创意写作	硕士专业学位授权类别
57		0854	电子信息	博士专业学位授权类别
58		1001	基础医学	博士学位授权一级学科
59		1401	集成电路科学与工程	博士学位授权一级学科
60	南京大学	0817	化学工程与技术	博士学位授权一级学科
61		0819	矿业工程	博士学位授权一级学科
62	东南大学	0711	系统科学	博士学位授权一级学科
63		0857	资源与环境	博士专业学位授权类别
64		0859	土木水利	博士专业学位授权类别
65		1204	公共管理	博士学位授权一级学科
66	浙江大学	0952	兽医	博士专业学位授权类别
67	中国科学技术大学	1051	临床医学	博士专业学位授权类别
68		1401	集成电路科学与工程	博士学位授权一级学科
69		9902	人工智能	博士学位授权交叉学科
70	厦门大学	0813	建筑学	博士学位授权一级学科
71		0856	材料与化工	博士专业学位授权类别
72		0857	资源与环境	硕士专业学位授权类别
73		9901	先进能源	博士学位授权交叉学科
74	山东大学	0403	体育学	博士学位授权一级学科
75		1401	集成电路科学与工程	博士学位授权一级学科
76	武汉大学	0402	心理学	博士学位授权一级学科
77		0704	天文学	博士学位授权一级学科
78		0860	生物与医药	博士专业学位授权类别
79		1303	戏剧与影视学	博士学位授权一级学科
80		1401	集成电路科学与工程	博士学位授权一级学科

续表

序号	单位名称	增列学位点代码	增列学位点名称	增列学位点类型
81	华中科学大学	0859	土木水利	博士专业学位授权类别
82		0860	生物与医药	博士专业学位授权类别
83	中南大学	0854	电子信息	博士专业学位授权类别
84		9902	人工智能	博士学位授权交叉学科
85	中山大学	0704	天文学	博士学位授权一级学科
86		0811	控制科学与工程	博士学位授权一级学科
87		0825	航空宇航科学与技术	博士学位授权一级学科
88		0853	城市规划	硕士专业学位授权类别
89		0854	电子信息	博士专业学位授权类别
90		0951	农业	硕士专业学位授权类别
91		1401	集成电路科学与工程	博士学位授权一级学科
92		S1257	文献与文化遗产保护	硕士专业学位授权类别
93	华南理工大学	0301	法学	博士学位授权一级学科
94		0503	新闻传播学	博士学位授权一级学科
95		1001	基础医学	博士学位授权一级学科
96		1351	艺术	硕士专业学位授权类别
97	重庆大学	0305	马克思主义理论	博士学位授权一级学科
98		0501	中国语言文学	博士学位授权一级学科
99		0854	电子信息	博士专业学位授权类别
100		1002	临床医学	博士学位授权一级学科
101	四川大学	0202	应用经济学	博士学位授权一级学科
102		0807	动力工程及工程热物理	博士学位授权一级学科
103		0809	电子科学与技术	博士学位授权一级学科
104		0825	航空宇航科学与技术	博士学位授权一级学科
105		9901	人工智能	博士学位授权交叉学科
106	西安交通大学	S0354	国际法律事务	硕士专业学位授权类别
107		0453	汉语国际教育	硕士专业学位授权类别
108		0830	环境科学与工程	博士学位授权一级学科
109		1401	集成电路科学与工程	博士学位授权一级学科
110		9901	人工智能	博士学位授权交叉学科

续表

序号	单位名称	增列学位点代码	增列学位点名称	增列学位点类型
111	西北工业大学	0252	应用统计	硕士专业学位授权类别
112		0451	教育	硕士专业学位授权类别
113		1305	设计学	博士学位授权一级学科
114		99G2	无人系统科学与技术	博士学位授权交叉学科
115	兰州大学	0301	法学	博士学位授权一级学科
116		1007	药学	博士学位授权一级学科

附录三　第二轮"双一流"建设高校及建设学科名单

（按学校代码排序）

北京大学：（自主确定建设学科并自行公布）

中国人民大学：哲学、理论经济学、应用经济学、法学、政治学、社会学、马克思主义理论、新闻传播学、中国史、统计学、工商管理、农林经济管理、公共管理、图书情报与档案管理

清华大学：（自主确定建设学科并自行公布）

北京交通大学：系统科学

北京工业大学：土木工程

北京航空航天大学：力学、仪器科学与技术、材料科学与工程、控制科学与工程、计算机科学与技术、交通运输工程、航空宇航科学与技术、软件工程

北京理工大学：物理学、材料科学与工程、控制科学与工程、兵器科学与技术

北京科技大学：科学技术史、材料科学与工程、冶金工程、矿业工程

北京化工大学：化学工程与技术

北京邮电大学：信息与通信工程、计算机科学与技术

中国农业大学：生物学、农业工程、食品科学与工程、作物学、农业资源与环境、植物保护、畜牧学、兽医学、草学

北京林业大学：风景园林学、林学

北京协和医学院：生物学、生物医学工程、临床医学、公共卫生与预防医学、药学

北京中医药大学：中医学、中西医结合、中药学

北京师范大学：哲学、教育学、心理学、中国语言文学、外国语言文学、中国史、数学、地理学、系统科学、生态学、环境科学与工程、戏剧与影视学

首都师范大学：数学

北京外国语大学：外国语言文学

中国传媒大学：新闻传播学、戏剧与影视学

中央财经大学：应用经济学

对外经济贸易大学：应用经济学

外交学院：政治学

中国人民公安大学：公安学

北京体育大学：体育学

中央音乐学院：音乐与舞蹈学

中国音乐学院：音乐与舞蹈学

中央美术学院：美术学、设计学

中央戏剧学院：戏剧与影视学

中央民族大学：民族学

中国政法大学：法学

南开大学：应用经济学、世界史、数学、化学、统计学、材料科学与工程

天津大学：化学、材料科学与工程、动力工程及工程热物理、化学工程与技术、管理科学与工程

天津工业大学：纺织科学与工程

天津医科大学：临床医学

天津中医药大学：中药学

华北电力大学：电气工程

河北工业大学：电气工程

山西大学：哲学、物理学

太原理工大学：化学工程与技术

内蒙古大学：生物学

辽宁大学：应用经济学

大连理工大学：力学、机械工程、化学工程与技术

东北大学：冶金工程、控制科学与工程

大连海事大学：交通运输工程

吉林大学：考古学、数学、物理学、化学、生物学、材料科学与工程

延边大学：外国语言文学

东北师范大学：马克思主义理论、教育学、世界史、化学、统计学、材料科学与工程

哈尔滨工业大学：力学、机械工程、材料科学与工程、控制科学与工程、计算机科学与技术、土木工程、航空宇航科学与技术、环境科学与工程

哈尔滨工程大学：船舶与海洋工程

东北农业大学：畜牧学

东北林业大学：林业工程、林学

复旦大学：哲学、应用经济学、政治学、马克思主义理论、中国语言文学、外国语言文学、中国史、数学、物理学、化学、生物学、生态学、材料科学与工程、环境科学与工程、基础医学、临床医学、公共卫生与预防医学、中西医结合、药学、集成电路科学与工程

同济大学：生物学、建筑学、土木工程、测绘科学与技术、环境科学与工程、城乡规划学、风景园林学、设计学

上海交通大学：数学、物理学、化学、生物学、机械工程、材料科学与工程、电子科学与技术、信息与通信工程、控制科学与工程、计算机科学与技术、土木工程、化学工程与技术、船舶与海洋工程、基础医学、临床医学、口腔医学、药学、工商管理

华东理工大学：化学、材料科学与工程、化学工程与技术

东华大学：材料科学与工程、纺织科学与工程

上海海洋大学：水产

上海中医药大学：中医学、中药学

华东师范大学：教育学、生态学、统计学

上海外国语大学：外国语言文学

上海财经大学：应用经济学

上海体育学院：体育学

上海音乐学院：音乐与舞蹈学

上海大学：机械工程

南京大学：哲学、理论经济学、中国语言文学、外国语言文学、物理学、化学、天文学、大气科学、地质学、生物学、材料科学与工程、计算机科学与技术、化学工程与技术、矿业工程、环境科学与工程、图书情报与档案管理

苏州大学：材料科学与工程

东南大学：机械工程、材料科学与工程、电子科学与技术、信息与通信工程、控制科学与工程、计算机科学与技术、建筑学、土木工程、交通运输工程、生物医学工程、风景园林学、艺术学理论

南京航空航天大学：力学、控制科学与工程、航空宇航科学与技术

南京理工大学：兵器科学与技术

中国矿业大学：矿业工程、安全科学与工程

南京邮电大学：电子科学与技术

河海大学：水利工程、环境科学与工程

江南大学：轻工技术与工程、食品科学与工程

南京林业大学：林业工程

南京信息工程大学：大气科学

南京农业大学：作物学、农业资源与环境

南京医科大学：公共卫生与预防医学

南京中医药大学：中药学

中国药科大学：中药学

南京师范大学：地理学

浙江大学：化学、生物学、生态学、机械工程、光学工程、材料科学与工程、动力工程及工程热物理、电气工程、控制科学与工程、计算机科学与技术、土木工程、农业工程、环境科学与工程、软件工程、园艺、植物保护、基础医学、临床医学、药学、管理科学与工程、农林经济管理

中国美术学院：美术学

安徽大学：材料科学与工程

中国科学技术大学：数学、物理学、化学、天文学、地球物理学、

生物学、科学技术史、材料科学与工程、计算机科学与技术、核科学与技术、安全科学与工程

合肥工业大学：管理科学与工程

厦门大学：教育学、化学、海洋科学、生物学、生态学、统计学

福州大学：化学

南昌大学：材料科学与工程

山东大学：中国语言文学、数学、化学、临床医学

中国海洋大学：海洋科学、水产

中国石油大学（华东）：地质资源与地质工程、石油与天然气工程

郑州大学：化学、材料科学与工程、临床医学

河南大学：生物学

武汉大学：理论经济学、法学、马克思主义理论、化学、地球物理学、生物学、土木工程、水利工程、测绘科学与技术、口腔医学、图书情报与档案管理

华中科技大学：机械工程、光学工程、材料科学与工程、动力工程及工程热物理、电气工程、计算机科学与技术、基础医学、临床医学、公共卫生与预防医学

中国地质大学（武汉）：地质学、地质资源与地质工程

武汉理工大学：材料科学与工程

华中农业大学：生物学、园艺学、畜牧学、兽医学、农林经济管理

华中师范大学：政治学、教育学、中国语言文学

中南财经政法大学：法学

湘潭大学：数学

湖南大学：化学、机械工程、电气工程

中南大学：数学、材料科学与工程、冶金工程、矿业工程、交通运输工程

湖南师范大学：外国语言文学

中山大学：哲学、数学、化学、生物学、生态学、材料科学与工程、电子科学与技术、基础医学、临床医学、药学、工商管理

暨南大学：药学

华南理工大学：化学、材料科学与工程、轻工技术与工程、食品科

学与工程

华南农业大学：作物学

广州医科大学：临床医学

广州中医药大学：中医学

华南师范大学：物理学

海南大学：作物学

广西大学：土木工程

四川大学：数学、化学、材料科学与工程、基础医学、口腔医学、护理学

重庆大学：机械工程、电气工程、土木工程

西南交通大学：交通运输工程

电子科技大学：电子科学与技术、信息与通信工程

西南石油大学：石油与天然气工程

成都理工大学：地质资源与地质工程

四川农业大学：作物学

成都中医药大学：中药学

西南大学：教育学、生物学

西南财经大学：应用经济学

贵州大学：植物保护

云南大学：民族学、生态学

西藏大学：生态学

西北大学：考古学、地质学

西安交通大学：力学、机械工程、材料科学与工程、动力工程及工程热物理、电气工程、控制科学与工程、管理科学与工程、工商管理

西北工业大学：机械工程、材料科学与工程、航空宇航科学与技术

西安电子科技大学：信息与通信工程、计算机科学与技术

长安大学：交通运输工程

西北农林科技大学：植物保护、畜牧学

陕西师范大学：中国语言文学

兰州大学：化学、大气科学、生态学、草学

青海大学：生态学

宁夏大学：化学工程与技术

新疆大学：马克思主义理论、化学、计算机科学与技术

石河子大学：化学工程与技术

中国矿业大学（北京）：矿业工程、安全科学与工程

中国石油大学（北京）：地质资源与地质工程、石油与天然气工程

中国地质大学（北京）：地质学、地质资源与地质工程

宁波大学：力学

南方科技大学：数学

上海科技大学：材料科学与工程

中国科学院大学：化学、材料科学与工程

国防科技大学：信息与通信工程、计算机科学与技术、航空宇航科学与技术、软件工程、管理科学与工程

海军军医大学：基础医学

空军军医大学：临床医学

附录四　给予公开警示的首轮建设学科

（按学校代码排序）

北京中医药大学：中药学
内蒙古大学：生物学
辽宁大学：应用经济学
东北师范大学：数学（予以撤销，根据学科建设情况调整为"教育学"）
延边大学：外国语言文学
上海财经大学：统计学（予以撤销，根据学科建设情况调整为"应用经济学"）
宁波大学：力学
安徽大学：材料科学与工程
华中师范大学：中国语言文学
中南财经政法大学：法学
广西大学：土木工程
西藏大学：生态学
宁夏大学：化学工程与技术
新疆大学：化学、计算机科学与技术
海军军医大学：基础医学

附录五

访谈逐字稿（S01）

访谈对象编号：S01
访谈对象简介：王同学，A大学四年级本科生
访谈对象学科：汉语言文学，未入选"双一流"
访谈具体时间：2018年5月12日
访谈具体形式：面对面访谈

1. 您是如何看待咱们学校入选"双一流"的？您觉得学校对您就读的学科支持情况如何？

□□□□大学入选（"双一流"）的是□□学科，然后这其实倒是评出来以后，我们都觉得很惊讶，因为□□□□大学最强的学科其实是□□，它（学校）的□□是之前全国排名第一的，然后现在好像反而前三，然后我是学□□的嘛，然后□□也是基本上全国前十左右的，然后就包括它□□□□专业就是我们学校最早开始开设的那个专业，但是到最后评出来的是□□学科，然后我们其实有点不太能接受，凭什么呀，感觉我们当时就是高考时的录取分是最高的，然后这样考进来，但是却最后评出来的却不是我们，感觉很奇怪，也不太能理解啊。其实我觉得就是□□□□大学对□□学科还是比较重视的，因为毕竟也是"老字号"嘛，然后就是包括我们学校比较强的□□学科，都是一提到□□□□大学一般都能想到这俩学科。我们老师的水平也非常高的，重不重视这方面，反正没有感觉到轻视我们。我们会有一种优越感，包括我们序号都是排在第一位的，就每次干啥出场都是第一位的，当时感觉

是我们才是那个学校的正统学科。所以评"双一流"的时候我们就非常自信。

入选"双一流"学校的话，当然还是感到高兴了，学校之前是"双非"嘛。就是非211也非985，现在是"双一流"了，我们还是感觉非常开心的，但是一想到这个学科是□□，还是会心里有点失望，又高兴又有点失望。

2. 您觉得在"双一流"建设中，学校对所有学科专业在各类资源分配上是否公平、公开或者是有倾向性的支持？

这个我感觉就是他们可能会在□□学院有这种倾向性，他们有那个实验班啊之类的，包括他们在保研的时候，可能也会有一定优势，我们就没有。

3. 学校的强势学科是否会对学校的普通学科产生挤压？咱们学校在"双一流"建设中有没有撤销普通学科专业的做法？

这倒没有。没有明确的感受到，并没有什么太大变化，感觉就是自己的学科学校比较重视，还是会感觉比较重视，然后他们入选"双一流"，可能我知道的层面是没有这种特别明显的变化。

4. 据您所知，咱们学校在"双一流"建设中为普通学科提供过什么条件和支持保障？学校为普通学科专业有哪些解决困难的行动？

就是比如说会挖一些比较好的老师过来，这是我们学校的，感觉还是有（支持保障），比如说□□□老师和□□□老师，都是文学里比较厉害的老师，挖过来做全职教师。

（解决困难方面）我感觉我们学校的学生工作做得很一般，就是就业呀什么的。就是我记得别的学校，学校会给安排实习，然后我们是自己找，所以他们就是会注重这一方面，对我们没有硬性要求，然后我们实习就比较水，因为我们也不知道去哪里提意见，所以没有注意到学校给我们学科解决过什么问题。

5. 在"双一流"建设中，作为学生有没有感受到明显的学科专业压力？据您观察，咱们学校关注到了普通学科专业的学生需求吗？学校为普通学科的学生提供了哪些发展机遇或条件？

压力还好吧，就是没有那种，就是感受到自己学科比较冷门啊，然后可能以后工作什么不好找这种压力。

我感觉就是我们也没有去提过要求，学校也没有说是特别主动的想听听我们的意见。就大家就是这样，平常的过。

6. "双一流"建设已经四五年了，这几年咱们学校的"双一流"建设，作为学生对学校的认同或情感如何？

其实我们之前对"双一流"这事都不知道，就它评出来才知道。就是不管是不是这个学科（入选），还是感觉是我的母校，学校好我也会感觉很开心，倒不会有那种就是身在其中，虽然失望，但学校入选"双一流"还是觉得很光荣的。

虽然入选的"双一流"学科不是我们学科，但是提到□□□□大学，就现在也可以想到它是"双一流"了。我们都疯狂在朋友圈转发（消息），都很开心。所以还是希望学校能持续地进入这个"双一流"建设中，也希望自己的学科能入选。

7. 据您观察学生在咱们学校"双一流"建设中有没有作用？若有的话有哪些作用？学生在咱们学校"双一流"建设中的参与，包括给学校提建议和意见、参与学校的重要活动等，学校是否有相应的反馈？

学生对这个（作用）我没有感觉到，好像稀里糊涂就评上了（笑），所以感觉□□系他们虽然被评上，但他们□□系的学生也并没有感觉有特别突出的贡献啊，就没有觉得他们在就业呀或者是升学方面有特别厉害的感觉。

我觉得□□学院的存在感甚至没有生科（生物科学）强，□□□□科学也是我们学校比较早、比较"老字号"的一个专业，包括他们有老师在特别厉害的期刊上就发过论文，当时在学校的首页上各种滚动。他们的社团活动做得也特别好，有一个就是持续三十多年的一个什么，就是整个学校就会比较热闹，所以相比较而言的"双一流"学科反而显得很低调啊，可能他们都去钻研学科了吧。

8. 您来咱们学校学习这个学科专业，你与学校的领导、老师、同学等有无距离感？学校"双一流"建设有无对您未来的学习或就业产生影响？若有的话有哪些？

跟老师和同学肯定是没有距离感，但是我觉得跟学校领导就没怎么见过。我们是两个校区，然后学校领导在第一个校区，跟他们几乎是零交流。

（"双一流"产生的影响）我觉得肯定会啊，就是包括它（学校）评上了"双一流"以后，我保研嘛，保研的时候，它学校这个"双一流"，就之前□□大学基本上是不允许我们参加复试，就是□□大学会直接筛掉"双非"，但就是我们很多同学都进了复试了，我认为这个是入选"双一流"的影响。

9. 学校的"双一流"建设之后，您会为学校未来的发展、对他人、对社会有无奉献的想法？若有的话，您会有什么样的想法？

就是只是觉得学校入选"双一流"还挺好的，但是我感觉对学校的，就像您说的就是没有那种学生的权利意识。我觉得在我身边的人来说，就是现在大家还是那个"双非"的概念比较根深蒂固，就是我们现在还是说，哎呀，是考试要考985，然后还没有提要考"双一流"。

10. 通过学校的"双一流"建设，您对自己现在或未来设想等各方面的要求是否提高了？

我觉得我对我自己的要求跟这个"双一流"没什么关系。其实□□□□大学入选"双一流"除了在升学那一阶段感觉有一点影响。

11. 作为学生，您对咱们学校"双一流"建设还有哪些建议和意见？包括普通学科建设、普通学科学生的需求等方面。

有时候会点开学校网页看一看。我觉得□□□□大学的整体氛围，还就没有那种民主开放的感觉，我们还跟小孩似的，（学校）叫老师管着我们，我们就很听话的那种，没有主动参与意识。我还是希望（能改变），就是不知道这样应该是从学生方面来改变，还是学校有没有办法去（改变），就是校风的建设。感觉就是我同学是□□牛校的，真的就是学生自己的意识特别强，自由意识特别强，就是同学给我讲了一个故事，就是她去办卡，然后那个老师不在，当时是工作时间，然后她立马就投诉了，然后那个老师迅速赶过来，并且一直跟他道歉，但是如果是我们的话，那老师不在就不在了，大不了我下次再来找他（老师），没有权利意识。需求的话，我觉得还就是，尤其是我们吧，在就业方面，包括自己的未来道路规划，我们现在还是通过问学姐啊，或者问身边人这样自己摸索。所以还是希望能够有老师给予（指导）。我们是四个年级一个辅导员管，其实有什么疑问可以去问他，但只有这一个老师管不过来呀，所以希望这方面有所改进吧。

访谈逐字稿（S02）

访谈对象编号：S02
访谈对象简介：李同学，B大学四年级本科生
访谈对象学科：管理学，未入选"双一流"
访谈具体时间：2019年5月13日
访谈具体形式：面对面访谈

1. 您是如何看待咱们学校入选"双一流"的？您觉得学校对您就读的学科支持情况如何？

学校入选"双一流"是很正常的，因为整个学校的□□学科和□□学科就是特别好，一直是王牌专业，所以入选"双一流"是意料之内的。学校对我们专业的支持情况不太好。因为在资源上面的分配不太重视吧，学校没有什么政策支持，然后在师资方面都是算比较贫瘠的。

2. 您觉得在"双一流"建设中，学校对所有学科专业在各类资源分配上是否公平、公开或者是有倾向性的支持？

我觉得有倾向性的支持，我们刚刚说的工科的那些专业，他们就会有外教课，有专门的国际班，他们可以上完以后就直接输送到国外，有配给工作啊之类的。像我们学院，□□□□学科、□□□□学科、

□□□□学科等等，人特别少，每个专业只有一个班，像他们那些大院的话，就一个专业大概有十几个班吧，就是人特别多，因为整个学生的资源分配就是这种比例，所以在师资或者是各种其他资源的分配上，其实也会有倾向。比如像图书馆，这样的图书资源特别少，可能就真的是主要倾向于工科，像文科的书可能就几个书架吧。

3. 学校的强势学科是否会对学校的普通学科产生挤压？咱们学校在"双一流"建设中有没有撤销普通学科专业的做法？

谈不上挤压吧，大家都是各行其道，也没有受到影响。也没有撤销学科。因为□□□□大学本来是一个专业性很强的学校，后来是想往综合类学校发展，所以说增设了好多（学科），好像就还没有撤销其他普通学科，因为建设"双一流"以后可能还是更重点的建设那些强势学科。

4. 据您所知，咱们学校在"双一流"建设中为普通学科提供过什么条件和支持保障？学校为普通学科专业有哪些解决困难的行动？

没有提供过什么条件和支持吧。因为其实我们也知道学校这个属性，其实就很少去提这些东西，我们可能反馈的也少，所以学校解决的也少。但是像有一些东西可能会反馈，我之前在学校的时候是在电视台嘛，然后我们学校电视台就完全就感觉是被某个学院（的学生）承包了，就文科的院系就是承包了，反而强势学科（的学生）都没有去。我觉得学校对这种组织的支持，其实也可以间接转变成对于我们这种普通学科的支持，在一定程度上，还是会有对这种学生组织的支持。

5. 在"双一流"建设中，作为学生有没有感受到明显的学科专业压力？据您观察，咱们学校关注到了普通学科专业的学生需求吗？学校为普通学科的学生提供了哪些发展机遇或条件？

没有感受到学科压力。因为在一个学校里面有重点学科有普通学科，然后大家都抓着那个重点学科不放的时候，其他学科的学生就是散养状态，所以没什么压力可言。可能压力就是自己给自己的那种，就是社会压力。

学校可能也关注到了，但是它（学校）并不把这个作为它（学校）解决问题的一个重点，我是这样觉得的，因为像强势学科，他们比如说要干嘛的话，特别有钱，就会提供比较好的机器设备，不像这边普通学科可能就是一个小组。我觉得学校就没有主动的去关注普通学科学生的需求，学生就只能自己去解决自己的问题。

（提供发展机遇）也有，但都是一些很常态的，就是每个学院都会有的那种，比如说毕业了，学校就会找毕业生中考上研究生的、找到好工作、保上研的，或者各个方向有发展的人来给大家做讲座，教下一届该怎么办。实习机会是之前有，但后来没有了。之前是整体安排去□□单位实习，但是后来因为学校的校区搬了嘛，我们就去一个比较远的地方，离□□单位也远了，之后就没有了，实习都自己找。但是其实（就算距离远了）他们也可以在别的地方给我们找实习呀。

6. "双一流"建设已经四五年了，这几年咱们学校的"双一流"建设，作为学生对学校的认同或情感如何？

作为□□□□大学的学生，我觉得还是挺好的，因为虽然是属于这种弱势或者是"边缘学科"，但是我们和其他学院的学生之间的交流还是非常多，我们参加的活动比较多，然后和各个不同的学院的学生之间产生的联系比较多，所以还是很认同学校的。而且觉得有骄傲的那一部分，因为就是前段时间刷的很火，就是□□□工程的，那就我们学校毕业的学长设计的，因为我们学校□□□学科可牛了，还有□□学科也很牛。

我知道我们这个学科在整个学校里的地位，也知道如果要评选"双一流"，我们这个学科是不可能入选的，但是在这种情况下，我们就希望那些好的学科可以入选，就是在那种情况下这已经算一个更好的选择，所以就是我的学科会不会入选也不太会影响对学校的认同。

7. 据您观察学生在咱们学校"双一流"建设中有没有作用？若有的话有哪些作用？学生在咱们学校"双一流"建设中的参与，包括给学校提建议和意见、参与学校的重要活动等，学校是否有相应的反馈？

当然有作用！当时评"双一流"的时候特别好笑，我们学校那个阵势搞得可大了，就是为了评"双一流"，就要全民付出的那种感觉。我们当时所有学生要在早晨八点钟，必须离开宿舍，所有学生，中午就只有两个小时可以在宿舍待着，然后下午下课的那段时间可以回趟宿舍，其他的时间宿舍里不能有人。当时因为我们是一直在图书馆学习嘛，大家也没有地方可以去，因为不让回宿舍，所以图书馆就爆满你知道吧。像这一张桌子，坐了满满的一排人，那平常就只有两三个人。那种就是全民都在为"双一流"付出的感觉。虽然这是强制性要求，大家也没什么可说的，大家参与感很强，然后就是我们不是有阳台嘛，就挂着的衣服所有都要收掉，所以大家晚上去晾衣服，然后白天收掉。大家挺配合的。

还有我们当时的图书馆刚进门的时候，是会有人插卡之类的嘛，态度极其恶劣的、特别凶，所有人都这样觉得，然后大家就轮流上图书馆举报，在网站上面举报。

8. 您来咱们学校学习这个学科专业，你与学校的领导、老师、同学等有无距离感？学校"双一流"建设有无对您未来的学习或就业产生影响？若有的话有哪些？

老师、同学没有距离感，领导的话，学校的领导可能还是会有一些距离感，交流得比较少。

产生的影响就是社会实践的时候，比如说实习，自己实习的方面也算是一个比较好的，学习成绩或者学习能力的一个证明，因为学校的那个高度可能在那个就是"双一流"或者是211，就是有那么一个名号在那会比较好一点。我刚才说师资有很多不好的地方，感觉很贫瘠，但是相对于其他"双非"的一些学校来说，其实还算好，新来了一个老师就是□□大学的博士，然后我们当时在聊的时候就说，就其实他们找工作也是从一个高到低的那种排除法嘛，我们学校在他们的眼里最起码还有这种名号（头衔），整个状态也是比其他的"双非"学校更好。

9. 学校的"双一流"建设之后，您会为学校未来的发展、对他人、对社会有无奉献的想法？若有的话，您会有什么样的想法？

我觉得会有这种想法的应该是理工科的学生。他们会有更深入的这种想法。我自己的话，就是做到最基本的个人和环境的整洁吧。因为我们学校的理工科是强势学科，他们的那种责任心是真的挺有奉献精神，他们会要求每天早晨七点多就出来跑步，我们没有出去跑步，然后他们就是学院，早晨就安排起来跑步，晚上还要晚自习，就管得很严，其实对自己要求是非常高的。如果学校不做强制性规定，我们可能会做得稍微差一点，但是那种理工科的学生，他们就有一种很强的那个社会责任感，自律和信仰还是真的挺强，下课以后就跑去食堂（吃饭），真的是跑过去的，然后吃完饭一有空就去图书馆学习。

10. 通过学校的"双一流"建设，您对自己现在或未来设想等各方面的要求是否提高了？

这跟"双一流"建设可能没什么关系吧。

11. 作为学生，您对咱们学校"双一流"建设还有哪些建议和意见？包括普通学科建设、普通学科学生的需求等方面。

建议和意见嘛，就是希望学校可以对普通学科可以更多关注一点，就是最起码要解决一些硬件设施方面的一些问题。像之前我们上机，学校提供的计算机真的还挺破的，都不太能用了。

访谈逐字稿（S03）

访谈对象编号：S03
访谈对象简介：滑同学，C大学四年级本科生
访谈对象学科：能源学，入选"双一流"
访谈具体时间：2019年5月15日
访谈具体形式：面对面访谈

1. 您是如何看待咱们学校入选"双一流"的？您觉得学校对您就读的学科支持情况如何？

我们学校入选"双一流"还是挺好的，我觉得挺骄傲的。因为现在大家报考都看这个，学校的竞争力更高一点了。如果我们学校新成

立的□□□学院跟建设"双一流"有关系的话，那么支持力度还是挺大的，因为这个学院选学生就是选成绩，还有一些各方面比较优秀的学生。

2. 您觉得在"双一流"建设中，学校对所有学科专业在各类资源分配上是否公平、公开或者是有倾向性的支持？

我觉得应该是没有吧。因为我们院，我听说是在跟其他院相比是挺弱的，因为每个院都有那个什么论文数量的指标，但是我们院就没有，在其他方面好像是他们的一些名额，然后可以归到我们。比如说我们院需要做什么事情的时候，我们院需要多少论文，但是没有达到这个数量，但□□□□学院有论文，然后在总结什么的时候可以拿到我们学院来算。因为我们学校不说说什么□□□吗，所以入选"双一流"□□学科是"亲儿子"啊，就比如说我们院考研的人，一大半都是去考□□"双一流"学科的。

3. 学校的强势学科是否会对学校的普通学科产生挤压？咱们学校在"双一流"建设中有没有撤销普通学科专业的做法？

我觉得不存在挤压，因为一些弱的学科已经比较小了，没必要挤压了。至于撤销学科，应该是没有吧，应该是只多不少吧，不会说是裁掉哪个学科吧。不过就我们院内吧，其实是分三个方向的，有一个方向，因为今年报的人不够多，就取消了，那种这个不算吧。

4. 据您所知，咱们学校在"双一流"建设中为普通学科提供过什么条件和支持保障？学校为普通学科专业有哪些解决困难的行动？

因为我之前在办公室给老师做过助理，然后听老师们聊天，他们经常会批一些课题资金什么的还是挺多的。学科专业的困难来说，我觉得有困难的，理论和实践还是不太一样的，光是听老师干讲还是挺不一样的，然后其实我们这个专业在其他学校相比也不是最好的，就是有点比上不足、比下有余嘛。在学习当中，上课的时候就是有时候感觉，老师他可能自己也不太明白，他讲课讲了也不明白，当然有的老师是讲的很好，然后有的老师就感觉有点那什么，然后弄得我上课也听不懂。

5. 在"双一流"建设中，作为学生有没有感受到明显的学科专业压力？据您观察，咱们学校关注到了普通学科专业的学生需求吗？学校为普通学科的学生提供了哪些发展机遇或条件？

有压力的，毕竟感觉大家都看着，然后也会比较，和其他学校的比较。我觉得学校也没有创造什么条件和机遇吧，这实习的话，实习真的超水（差），跟一般的那个企业实习不一样。虽然是学校给安排实习，我们也不用自己掏钱，但是因为□□厂的性质不一样，本来就比较危险，然后一起深入的操作我们也接触不了。

6. "双一流"建设已经四五年了，这几年咱们学校的"双一流"建设，作为学生对学校的认同或情感如何？

我觉得对学校的认同还有情感，是跟离开学校倒计时成反比的，就是好像快离开学校反而觉得学校越来越好。认同感还行吧，就是我可以说它不好，但别人不能说它不好。

7. 据您观察学生在咱们学校"双一流"建设中有没有作用？若有的话有哪些作用？学生在咱们学校"双一流"建设中的参与，包括给学校提建议和意见、参与学校的重要活动等，学校是否有相应的反馈？

学生在咱们学校"双一流"建设中会起到作用的，我们作为学生自发做的那种宣传片，还有之前在网易云上有一首歌来着，他们写的那个RAP说唱的歌挺好听的，关于校庆六十周年。重要的活动我觉得应该有，但是可能是我没参与。

8. 您来咱们学校学习这个学科专业，你与学校的领导、老师、同学等有无距离感？学校"双一流"建设有无对您未来的学习或就业产生影响？若有的话有哪些？

没有距离感，感觉挺好的，老师微信上都是秒回的，都还不错。过年那阵子有学校领导来慰问，还有照片来着。

（产生影响的话）感觉"双一流"这个事情还比较新，感觉社会认同不是特别高，现在招聘的话，大家还是看985和211头衔。我之前找家教兼职的时候就只要985的。我说我是□□□□大学的行不行啊，就是不要。我觉得因为这个事情，现在比较新，所以目前影响不是特别大，但是以后就不好说了。

9. 学校的"双一流"建设之后，您会为学校未来的发展、对他人、对社会有无奉献的想法？若有的话，您会有什么样的想法？

我觉得这个跟"双一流"建不建设，也没什么关系，是吧，能者多劳。

10. 通过学校的"双一流"建设，您对自己现在或未来设想等各方面的要求是否提高了？

没有影响。设想就是想继续读研，跟有没有"双一流"都一样。

11. 作为学生，您对咱们学校"双一流"建设还有哪些建议和意见？包括普通学科建设、普通学科学生的需求等方面。

希望学校能多搞点基础设施（建设），因为我们的实验室真的特别水（差）。我们上实验课，大一的时候上第一节课，老师跟我们说啊，谁愿意给你们本科生上课啊？因为老师们给本科生上课不挣钱，他们自己搞课题的话挣钱更多一点，我感觉好像给本科生上课耽误他时间。希望学校有一些安排能够更实在点吧，能得到真正的重视吧，能更体现出这个学科的优势吧。具体的事情，刚刚说实习，我们是大三有一次去□□厂实习，然后大四还有一次去□□厂实习，但是这两次实习是一模一样的，同一个地方，干的事情都是一模一样，我们第一次去的时候，那个店长师傅，我们还问他是不是我们第二次去的时候有什么不一样，师傅说是一样的。所以重复工作，感觉也没什么意义，还占用时间，一天里我们实际上不到一个小时，感觉也没什么用，好像我们没有得到锻炼。我觉得学校还是挺好的，对自己当初的选择没有后悔。

访谈逐字稿（S04）

访谈对象编号：S04

访谈对象简介：洪同学，C大学四年级本科生

访谈对象学科：智能工程，未入选"双一流"

访谈具体时间：2019年5月15日

访谈具体形式：面对面访谈

1. 您是如何看待咱们学校入选"双一流"的？您觉得学校对您就读的学科支持情况如何？

本身还是挺自豪的吧，就是毕竟学校的形象是越来越好，自己作为□□□□大学的学生，毕竟沾着学校的光，然后也觉得自己有一个好的学校，找工作什么也是会更顺利一些。

我觉得看对比吧，就是说因为我们学校最好的学科就是□□学科，然后我们学科对比□□学科，它毕竟是入选的（学科），我们对于它来说教育资源情况其实是差了很多，我们很多门课，我们就没有专门的去接受这方面的教育，只能说是去蹭他们的课。我们这种（专业）就业形势比较单一，基本上都是去□□公司、□□公司，这种单位对于专业知识方面有要求的，但是我们专业没有安排这些东西，所以我们就这样要去蹭他们的这些课，这是自愿的。所以我觉得不够重视，但我觉得支持是有的吧，就是学校也会安排一部分□□学科的课，它（学校）也会分配一部分□□学科的老师给我们上课，这不是说所有的职员都给□□学科的，也会挪一部分给我们，这也是对我们学科专业体现出的支持。

2. 您觉得在"双一流"建设中，学校对所有学科专业在各类资源分配上是否公平、公开或者是有倾向性的支持？

我觉得说实话，它（学校）不是很公正，公开的话是公开的。就是基本上我们学校当然也是在努力的，想要做到公正，但是毕竟是因为我们是一个专业性比较强的学校，所以基本上大部分的资源还是拢在□□

学科这一块，然后像□□□□、计算机啊这些学科就稍微的不太受到重视。

在各类的教育资源上，比如说师资啊，这些方面的倾向性是非常明显的，包括我们□□学科的老师，对文凭的要求就特别的高，然后像其他学院的就像□□□□学科啥的，要求就没那么高，人数的话也是，□□学科老师肯定是最多的，然后其他学院包括项目也是特别的少，就相对于□□学科来说，就各方面都是差很多。

3. 学校的强势学科是否会对学校的普通学科产生挤压？咱们学校在"双一流"建设中有没有撤销普通学科专业的做法？

因为我们这个学科比较特殊，我们是 2012 年才刚建立的学科，相当于我们是一个新的学科，是 2016 年的时候从□□学科挪了一部分资源、从□□学科挪了一部分资源过来给我们上课，然后就是说，抢占的话，因为我们是比较新的嘛，还看不出来有挤压和抢占。

当时有个叫□□专业、□□□□专业吧，刚好是我们（学科）建的那一年，它就被撤销了。

4. 据您所知，咱们学校在"双一流"建设中为普通学科提供过什么条件和支持保障？学校为普通学科专业有哪些解决困难的行动？

我觉得在硬件设施方面，大家还都是公平的，没有说倾向于强势学科。我觉得最倾向的就是师资，老师团队啊，怎么说呢，就是老师的名气有好有坏，大家知道的一般名气比较好的老师，都是强势学科的偏多，最近也是在不断的引进新的人才。我觉得我们□□学科就是这几年来，老师也是在越变越好，还有不断的变化，不是说每一年都是同一个老师讲一门课，我们这一年比如说这个老师（教），下一年可能就换另外一个老师了，也是在不断的变化。

5. 在"双一流"建设中，作为学生有没有感受到明显的学科专业压力？据您观察，咱们学校关注到了普通学科专业的学生需求吗？学校为普通学科的学生提供了哪些发展机遇或条件？

专业压力，因为我不是"双一流"学科（的学生），但是我通过去蹭他们的课，我感觉到□□学科这个强势学科他们学生的压力比我们大，我们自己没有很强烈的压力感受，包括学业负担没有那么重。

这个需求只能说片面的，包括宿舍环境那些，我觉得学校是在尽力的做好，但是有一部分东西是没有办法的，比如说我住三号楼，我是六人间、上下铺，然后所有其他的宿舍都是上床下桌了，我们当然是希望自己的房间也改成上床下桌的，它（学校）现尽力在改善，之前大家（全部学生）都是上下铺，现在只剩下我们三号楼了，然后到下学期的话，我们三号楼也要变成上床下桌了。

至于为我们普通学科发展条件和际遇，这种没有。比如我们跟强势学科去保研的名额是一样的，然后怎么说呢，我觉得我们这个专业，它是让我们向"双一流"靠近这种感觉，就相当于是把我们的学科往那方向发展，也就感觉我们就上□□（强势学科）的专业课也安排的偏多，然后就业什么的也尽量让我们向着强势学科的那个方向走。

还是有一点觉得受到了不公平的待遇，我就当时去蹭□□（强势学科）的课的时候，就总觉得自己在一个比较不受关注的学科，就会觉得比较难过，因为资源什么都是强势学科那边的，就会很羡慕他们，他们可以上到那么多的课，有那么好的老师去教。最深感触的是去年的时候，因为去年教专业课的时候，我们更多的是专业课方面，都是倾向于□□（强势学科）所以那个时候就感触很深。当时如果提的话，也觉得不可能马上就做出改变来，所以就去蹭课的话也是一样的，也是反正自己解决，就算能够自己学到知识也可以了。

6. "双一流"建设已经四五年了，这几年咱们学校的"双一流"建设，作为学生对学校的认同或情感如何？

我个人感觉对这个学校一开始是很排斥，但到后来越来越喜欢，就越来越觉得自己在学校有归属感，慢慢喜欢了这个学校，我觉得它（学校）也是在一步一步的，包括硬件、包括各种生活条件上面都是在变好吧，然后入选了"双一流"之后各个方面都在改善，也是可能是说学校尽力让我们有归属感。一开始是因为我是冲着这个学校的名声来的，然后来了之后，觉得这个环境、各种都不行，但是后面就是包括澡堂啊、宿舍啊、教学啊，都是感觉变化越来越大。我听学长、学姐说，我们来之前连空调都没有，然后澡堂那边每天都是人挤得特别满，他们那时候是要取卡刷卡，特别的麻烦，到我们现在就有空调，给我们三号楼都装了独立的澡堂。

7. 据您观察学生在咱们学校"双一流"建设中有没有作用？若有的话有哪些作用？学生在咱们学校"双一流"建设中的参与，包括给学校提建议和意见、参与学校的重要活动等，学校是否有相应的反馈？

我觉得学生还是有挺多（作用）的，比如说像去年，四号楼那边因为涂了甲醛，所以特别臭，大家就纷纷写信给校长信箱，然后学校也是很积极的去安排调解，因为我们学校很小，然后一般出某些事情的话，各种反应会特别的大，包括校长什么都会很及时的知道，然后去改善。

比如说唱一些庆祝学校入选"双一流"的歌曲，还发到网上去，也特别火，包括这种（活动）现在还是很明显的，大家有能力的都会去做（参与），没能力做的都有转发的，还挺好的，我觉得我们学校每个人的集体荣誉感还是很强的。我觉得有能力的话，学校基本上都会有反馈的。比如说之前换宿舍的时候，就是有一段时间有闹过换宿舍的事情，大家好像都有向学校反馈，然后它（学校）第一时间是先下了一个问卷。然后看大家的意见，就是民主投票。

8. 您来咱们学校学习这个学科专业，你与学校的领导、老师、同学等有无距离感？学校"双一流"建设有无对您未来的学习或就业产生影响？若有的话有哪些？

领导是比较有距离感，老师的话，我觉得跟我们最亲的就是辅导员吧，然后如果是给我们上课的那些老师的话，那种比较忙项目的大教授，给我们上课就是会稍微随意点，不会说那么的重视啊，就上完课就走了，他们可能不那么关注上课，而是更关注科研吧。没接触过学校领导，没有见到学校领导的机会，只有做一些讲座什么的，才能听到。

（产生影响）我觉得肯定是有积极影响，就是学校入选了"双一流"之后，当时大家都很振奋，也各种转发朋友圈说学校入选"双一流"了，觉得学校的名气也在蒸蒸日上，会特别开心，觉得以后就业又更方便了一步，包括说很多年以后回来看，当时在这么好的一个学校里学习和毕业，也很自豪。

我觉得这几年开始我们学校的学风变得特别好，比如图书馆，每天人都特别多，当你身处在自习室里面，就会觉得整个学习氛围特别的浓厚，大家都在很积极的学习，这是我们学校最好的一点。我自己也是这几年，我觉得环境对人的影响是特别大的，就当大家都很热爱学习的时候，然后自己也就会积极的去学习，尤其是在图书馆，看大家都在那里写作业复习什么的，自己也会好好的去学。

9. 学校的"双一流"建设之后，您会为学校未来的发展、对他人、对社会有无奉献的想法？若有的话，您会有什么样的想法？

我觉得可能就是想继续深造吧，就是说学术上的深造，不仅仅是找到工作就算了，文凭也是特别重要，我们感觉到现在老师、辅导员都会告诉我们，深造就是读研读博的重要性，一个学历特别的重要。使命感的话我觉得是有一点吧，但不是特别的多，就是我会觉得我是这个学科的，然后在学校入选"双一流"之后就觉得自己也要学好这个学科，然后就是做一个真正的□□人才嘛。我觉得□□（强势学科）的课，因为也是师资力量比较好，会让我提起这方面的兴趣，让我觉得喜欢。第二方面的原因，也是因为这个学科入选了"双一流"。就算学科没有入选"双一流"，我可能还是会选择这个学科，就这个学校而言的话，肯定是会的，因为怎么说呢，这个师资力量在这里，这个学科就是强势学科，但是比如说我在另外的□□大学的话，那我可能就是感觉会更感兴趣通信这个学科，其实这是很受老师的影响，因为老师会带动兴趣。

10. 通过学校的"双一流"建设，您对自己现在或未来设想等各方面的要求是否提高了？

我觉得对自己的要求是有提高的。以前就觉得正常的本科毕业、工作，（入选"双一流"）之后我是想先读硕，然后读硕的时候再看以后要不要读博，或者是更深层的深造，包括学术贡献、发论文什么的，也是会有相应的要求。

11. 作为学生，您对咱们学校"双一流"建设还有哪些建议和意见？包括普通学科建设、普通学科学生的需求等方面。

我觉得资源也不能集中在一个学科，我们学校一个学科太强了，但是其他的，包括说今年收硕士的时候也是有这种现象，□□（强势学科）的人特别多，但是像其他的□□□□学院那边都收不满，就会有这种趋向性。我觉得如果学校要建设的时候，就单纯从建设"双一流"学校来说的话，其他的专业也得去丰富它，包括师资力量、包括那个各种活动，都要去做，不能说只抓强势学科这一方面的，我觉得强势学科已经被我们做到极致了，但是其他的院系（学科）也得抓紧发展。我觉得一个学校要强的话，你不能说（靠）一个（强势学科）。你要总体实力真的更强的话，每一个专业肯定都要均衡发展、均衡变强，所有的好学校都是这样的，都是很多学科都是强的。强势学科的活动啊，或者它的资源真的有很明显的倾向性。跟着别的普通学科比起来，你就看每年发 SCI 的数量，论文发表的（数量），然后包括项目基本上就是，你如果用一个那个 excel 表的话，就是这个超级多，其他几个院（学科）就是特别少的。这个现象我觉得是学校影响的，学校影响了招生质量，就是说这个专业好，就有很多学生来报名，那这个专业肯定是越变越强，但是像□□□□的那些学科不好，肯定也就是不太好的冷门专业，没人去报名，所以他们也是一直发展不起来，我觉得这也是学校没办法均衡发展的一个原因，就是好的会越来越好，但是普通的就是很难再强起来。

访谈逐字稿（S05）

访谈对象编号：S05

访谈对象简介：赵同学，大学硕士研究生三年级

访谈对象学科：思想政治教育，未入选"双一流"

访谈具体时间：2019 年 5 月 18 日

访谈具体形式：面对面访谈

1. 您是如何看待咱们学校入选"双一流"的？您觉得学校对您就读的学科支持情况如何？

我们这个学科在□□□□大学太边缘了。我觉得□□学科是□□□□大学的王牌专业了吧,那入选"双一流"也是必然的,无可厚非了。学校能入选还是很高兴的,毕竟是"双一流"高校嘛。但是对我们学科好像没啥支持。没有任何参与感,就是感觉热闹是别人的热闹,是那些比如□□□□"双一流"学科学生的。会看到他们经常做很多活动,感觉人家的画风是活泼、丰富的,但是我们自己的画风就是整天看书、看书、看书,感觉没有办法融入学校。

咱们这个专业,我自己感觉没有得到学校领导的重视,只是说我没有感受到重视,感觉力度没有那么明显的这种感受(明显支持)。

2. 您觉得在"双一流"建设中,学校对所有学科专业在各类资源分配上是否公平、公开或者是有倾向性的支持?

可能我自己没有去了解,来了这个学校以后,有可能是我自己的原因,基本上整天就图书馆宿舍,两点一线,基本不太了解学校的政策。相比较我的本科学校,图书馆资源很多很丰富,那在□□大学很明显我这个专业的书就是找啥啥没有。更没有倾向性支持。

3. 学校的强势学科是否会对学校的普通学科产生挤压?咱们学校在"双一流"建设中有没有撤销普通学科专业的做法?

学科挤压倒没有,因为没有交集,我们完全是处在边缘,人家是处在中心。

有撤销过学科吧,具体的就不知道了。听说撤了很多。

4. 据您所知,咱们学校在"双一流"建设中为普通学科提供过什么条件和支持保障?学校为普通学科专业有哪些解决困难的行动?

其实我们也没有什么特殊需求,除了对于图书馆的资源,我感觉到不是很好,也没有什么活动。三个专业在一个学院里,所以我觉得学校没有提供过什么条件和支持。我就觉得最难受的事,就是在图书馆看书,比如说我想找一个一套全集,然后我就发现,比如说有七本,里面竟然只有序号为五的那一本,就只有那一本,我就很纳闷为什么不能买全了呢?就是搜也搜不到,就觉得很搞笑。它(图书馆)现在好像也有在买书，因为这段时间看到图书馆加了好几个书架，不过那些书我目前还没有看到，行动比较缓慢。

5. 在"双一流"建设中，作为学生有没有感受到明显的学科专业压力？据您观察，咱们学校关注到了普通学科专业的学生需求吗？学校为普通学科的学生提供了哪些发展机遇或条件？

压力的话，我还是感觉有一点，还是相对于那些比较中心学科的（学生）来说吧，想想毕业了，以后出去找工作或者别人问你在□□□□大学学啥，我说学思想政治教育就好像很奇怪。每次我出去说我是□□□□大学的学生，别人都以为我是什么，大家印象里就会有这种联系，有个先入为主的这种感觉。

我没有感受到学校主动会去关注我们的需求，我只是感觉到老师在为我们争取，虽然我自己没有反馈，应该是有别人和老师沟通过。我也没有感觉到学校为普通学科的学生提供一些发展机遇和条件。

6. "双一流"建设已经四五年了，这几年咱们学校的"双一流"建设，作为学生对学校的认同或情感如何？

其实我到现在对□□□□大学还是没有归属感，就是还是觉得自己好像就是只是在这个地方住，在这儿念书，没有感觉到自己作为一种"我是□□□□大学人"的这种强烈的归属感。可能因为是硕士吗，相对于本科来讲，反而在本科的时候，归属感更强一些嘛，我现在还会回头看一看本科学校的网站。但是学校入选"双一流"还是很好的，起码对自己来说的话，以后找工作或者提到自己的学历，还是会感觉挺光荣。假如说□□□□大学没有入选"双一流"的话，认同感可能会有一点不同吧，但是感觉也没有特别大区别，因为我现在对双一流的意识不强，当时来□□□□大学只是想它是 211 高校，就是冲着这个来的，并没有考虑到它是"双一流"的身份。

其实学校无论它有没有入选"双一流"，我学习的这个学科在□□□□大学都是很边缘，让我感觉对学校都是没有归属感，因为我打心眼里觉得我们学科根本就不可能入选"双一流"学科。

7. 据您观察学生在咱们学校"双一流"建设中有没有作用？若有的话有哪些作用？学生在咱们学校"双一流"建设中的参与，包括给学校提建议和意见、参与学校的重要活动等，学校是否有相应的反馈？

那肯定有，但肯定是他们强势学科（的作用）。我觉得□□□□大学的□□学科入选"双一流"的这些学生，他们都是□□□□大学的骄傲，比如说优秀校友之类的，学校会宣传他们，他们学科出了比较多优秀的人之类。

我没有提过意见，其实学校有那种什么学术季之类的（活动），但是我们都没有怎么参与过。所以也没有感受到学校有什么反馈。

8. 您来咱们学校学习这个学科专业，你与学校的领导、老师、同学等有无距离感？学校"双一流"建设有无对您未来的学习或就业产生影响？若有的话有哪些？

感觉跟老师和同学是没有距离感，但是跟学校的领导就觉得更远了，比本科的时候更远了。

（对未来会不会产生影响）这个问题还是根据我自身的能力和兴趣来决定吧，对于学校是否入选"双一流"建设没有很大关系。

9. 学校的"双一流"建设之后，您会为学校未来的发展、对他人、对社会有无奉献的想法？若有的话，您会有什么样的想法？

确实会想怎么能从自己的角度去融入这个学校，可能会在实习的、学习的方面会想去跟□□"双一流"学科靠近一点，能结合自己的专业，跟学校的传统□□领域能靠近一点。还是跟学校的风气有关，因为之前（本科）是在师范学校嘛，基本上就是大家以后都是想去当老师，但是现在来了□□□□大学，就会觉得来了不能白来，就是想要去多学习一些技能，所以针对上面那个问题，其实我还是有些变化的。

10. 通过学校的"双一流"建设，您对自己现在或未来设想等各方面的要求是否提高了？

因为这个学校的风气就是比较外向，比较开放，我自己的性格却比较内敛，然后我就会考虑是不是应该做出改变，为什么要来□□□□大学呢，来了□□□□大学以后如果一点改变都没有的话，那还来干嘛，为什么不留在本校（本科时候的学校），所以还是会有想法。

11. 作为学生，您对咱们学校"双一流"建设还有哪些建议和意见？包括普通学科建设、普通学科学生的需求等方面。

我觉得最重要的是，赶紧给我们把书买了吧，否则论文都没法儿写。知网我们也会用啊，而且知网还特别逗呢，有时候要下一篇论文，它会说：贵校没有购买这个权限，就下载不下来。就有的期刊学校没有买，所以有的论文可以看，有的就不行。需求的话，从学生角度讲，我觉得本科生可能会考虑学校要多举办一些什么活动呀，多一些机会给他们，我觉得对研究生来说，还是赶紧给我们买书吧。

访谈逐字稿（S06）

访谈对象编号：S06
访谈对象简介：李同学，D大学硕士研究生三年级
访谈对象学科：政治学，未入选"双一流"
访谈具体时间：2019年5月18日
访谈具体形式：面对面访谈

1. 您是如何看待咱们学校入选"双一流"的？您觉得学校对您就读的学科支持情况如何？

我觉得实至名归吧，还是很骄傲的。支持情况的话，之前有老师说过，这如果有一些资金拨过来的时候，其实还是最先会给强势学科，然后我们这边就会弱一些，拨的资金就会少一些或者不拨。因为现在□□□□院的院长在给我们上课，所以他就可能会更多的关注到我们学科的建设和支持，其实还在一个起步阶段，我们现在感受可能还不是特别明显，但是相信后来会更好的。政策方面我不太清楚。

2. 您觉得在"双一流"建设中，学校对所有学科专业在各类资源

分配上是否公平、公开或者是有倾向性的支持？

我觉得还是有偏颇，就像刚才说的在强势学科上可能有更多的资金支持，我们普通学科就会少一点。

3. 学校的强势学科是否会对学校的普通学科产生挤压？咱们学校在"双一流"建设中有没有撤销普通学科专业的做法？

可能从宏观上这是挤压了，但我们就作为其中的个体感受不到那么具体的（挤压）。□□□□大学撤销的学科很多，我查过大概有几十个，大多是小语种这些。

4. 据您所知，咱们学校在"双一流"建设中为普通学科提供过什么条件和支持保障？学校为普通学科专业有哪些解决困难的行动？

听我们曾经担任图书馆馆长的老师说，他在位的时候为我们普通学科购进一大批图书，那么应该也算是很大的支持吧。

好像没有主动解决我们的困难。比如说我们现在就是觉得实践能力很弱，这个专业是一个与社会稍显脱节的专业，所以就只是在这个领域里让我们深入（学习）知识，没有更多的让我们和社会联系，没有直接给予支持。

5. 在"双一流"建设中，作为学生有没有感受到明显的学科专业压力？据您观察，咱们学校关注到了普通学科专业的学生需求吗？学校为普通学科的学生提供了哪些发展机遇或条件？

这种学科压力感觉就是老师或者是自己赋予自己的，但是跟这个"双一流"没有什么关系。

普通学科学生的需求，关注到了呀，我们老师不是已经荣升为院长了嘛，他在做专任老师的时候，其实是有关注过的。

6. "双一流"建设已经四五年了，这几年咱们学校的"双一流"建设，作为学生对学校的认同或情感如何？

认同感是增强了的，但是它之前也是"211工程"大学，学生会持续这种认同感。而且因为学校的名气是比较被大家所熟知的，所以就算学校不是"双一流"或者是不是211，对于学校的名气，或者是大家对它（学校）的认知不会产生太大的影响。

7. 据您观察学生在咱们学校"双一流"建设中有没有作用？若有的话有哪些作用？学生在咱们学校"双一流"建设中的参与，包括给学校提建议和意见、参与学校的重要活动等，学校是否有相应的反馈？

这个不太清楚，我也没提过意见和建议。因为觉得来了之后，和学校之间比较疏离。

8. 您来咱们学校学习这个学科专业，你与学校的领导、老师、同学等有无距离感？学校"双一流"建设有无对您未来的学习或就业产生影响？若有的话有哪些？

与学校是有距离感的，和老师、同学没有。影响可能会有吧，就大学（本科）的时候就觉得自己可能要和□□类的行业有关系，但是现在就是稍微比较坚定了一点，会与之产生联系，自己在就业方面的方向更确定了。对学习方面就是也有一些吧，大家都可以去旁听一些课，比如说□□专业的。

9. 学校的"双一流"建设之后，您会为学校未来的发展、对他人、对社会有无奉献的想法？若有的话，您会有什么样的想法？

奉献，我还没有考虑过这种问题，但是像之前一些校友，他们的力度应该会比较大，像□□单位一些有名的人，他们都是从这里毕业出去的，经常会支持一下，比如说设立了奖学金之类的。如果我将来也能成为这种人，我也会建立奖学金这类来奉献的。

10. 通过学校的"双一流"建设，您对自己现在或未来设想等各方面的要求是否提高了？

有稍微提高一点，但是我觉得跟"双一流"没太大关系，可能只是由于个人的成长历程，从本科生到研究生，自己也更换了城市，并且参与一些其他的工作，或者是见识到了很多人之后，就是对更高一层的知识有了一定的了解，所以才会想要提高其他的方面。

11. 作为学生，您对咱们学校"双一流"建设还有哪些建议和意见？包括普通学科建设、普通学科学生的需求等方面。

还是希望就是再平衡一点，就是更加关注一下普通学科上的建设。作为学生，一方面可能就是本专业的东西，该深入研究的（知识）还是要跟着老师，但另一方面，我觉得其实可以更多建立起这个专业和社会之间的联系。因为并不是所有人都考博嘛，在之后工作的时候肯定会有一个很难的适应过程，但是这个适应过程如果前期有老师能有一些指导的话，我们后期会更好地去适应。具体的说，比如说学术沙龙，相对于其他的强势学科会弱一点。

访谈逐字稿（S07）

访谈对象编号：S07

访谈对象简介：程同学，E 大学三年级硕士生

访谈对象学科：教育学，入选"双一流"

访谈具体时间：2019 年 5 月 7 日

访谈具体形式：面对面访谈

1. 您是如何看待咱们学校入选"双一流"的？您觉得学校对您就读的学科支持情况如何？

我认为□□□□大学入选"双一流"高校是实至名归的，它在我们传统观念里面是京城的名校，它在已有的学科里面它每个学科都排在前列的。根据 QS 的一个排行榜在内地是排到内地的第□名，所以我认为我们学校入选"双一流"高校是实至名归的。特别是第二点，学校对我所就读的学科支持情况，我就读的学科是□□□□学科，学校对□□□□学科的支持力度是非常大的。因为我们□□□□学科专门成立了□□□□学科部，一般在国内的话有"□□□□学科部"称谓的话，就说明啊，□□□□学科这一块它的综合实力比较大。然后，从一定侧面上也反映了□□□□学科这个二级学科布局比较全面。随便举例子说，像我们所知的，□□□□学科、□□□□学科，还有□□□□学、□□□□学等等，在□□□□学科部都有分部。所以说□□□□学科，

□□□□学科部在□□□□大学这个是比较强大的，在全国也是比较强大的。然后，□□□□大学除了刚才所说的学科布局以外，还有这个教师的情况，这个师资力量，师资力量也是比较多的，师资力量是达到了上百人，而且对教师应聘的要求比较高。根据你所提示的这里啊，各级领导和管理人员重视不重视，就第一点而言我认为是非常重视的。其中最明显的一个方面是，我们学校的□□□□学科部相关领导，要么是部长或者创始人，都曾经当过□□□□大学的副校长。像我们□□□□学科部的□□□先生，就当过□□□□大学副校长。那这个□□□老师，以前是□□□□学科部的部长，现在是□□□□大学的副校长。所以光从这个领导人、管理人员这个层面，□□□□大学对□□□□学科是非常重视。还有一点，□□□□大学还提出了要建设以□□□□为特色，然后呢就是，突出了"□□□□"几个字。以"□□□□学科"为特色，就是以□□□□一流这种就是一流大学，所以它是把□□□□学科放在重中之重的，对这个学科非常重视。学校是有很大的政策支持的，特别是我们不管是研究生的招生名额上，以及在这个出国名额方面，以及在学生的这个保研层面等等，学生的入口和出口，包括学生的培养阶段，它都有很明确的政策支持，就是做出一些政策倾斜。那么规章制度中有没有对普通学科进行一个支持，这里我关注的不是特别多，但是我所看到的一些规章制度里面是有要往综合性发展，所以我认为这个规章制度里有提到这个普通学科的支持，但是仅仅停留在这种规章制度层面，就没有这种具体的实施，我觉得就实施力度不够。因为可能是形成一个惯性了，也改不过来，这就是我的一个看法。

2. 您觉得在"双一流"建设中，学校对所有学科专业在各类资源分配上是否公平、公开或者是有倾向性的支持？

我认为在各类资源分配上是没有做到公平和公开的。在名额分配上我觉得它没有及时地告知相关老师和相关学生，学生也不清楚这个名额为什么就分配了，学生也没什么知情权，老师也没有知情权，没有做到公平和公开。特别是"公平"，根据学校传统的资源，特别以□□□□学科为例，有些□□□□学科老师，它既是□□□□学科部的老师同时又是学校领导，所以在这种情况下可能会得到一定的倾向性的支持，所以很难做到公平和公开。而且学校为了保持和维持现在这个学科专业的排名，不管是国内的排名还是国际上的排名，它也会优先支持这个已有的优势学科，所以我觉得它没有做到公平和公开。

3. 学校的强势学科是否会对学校的普通学科产生挤压？咱们学校在"双一流"建设中有没有撤销普通学科专业的做法？

关于学科挤压，我认为是会存在一个挤压的。因为现在□□□□大学它面临的竞争是非常大的，一个是来自强势学科的竞争，□□□□大学除了它是在"双一流"学科，□□□□学科"双一流"学科里面，最近这个□□□□学科排名评估里面，它是排 A+，全中国除了它以外还有一所学校也是 A+，那对它的竞争非常大，所以为了维护它目前这个排名，会继续加大对这个强势学科就是□□□□学科强有力的支持，继续拉开它与第二名的差距，所以会在一定程度上对目前的普通学科进行一个挤压，因为一般总的资源是不变的，强势学科资源多了，势必会挤压到普通学科的发展，虽然普通学科它也会提出要发展，但是刚才也说了这仅停留在规章制度层面，具体这个落实层面好像也属于稍微少一点，而且的话，"双一流"学科刚刚只是四五年时间，它想在短时期改变这种强势学科在资源上的分配，还有这种传统的局面也是有点需要时间的，所以我认为势必会对普通学科进行一个挤压。除非以后普通学科渐渐把优势地位巩固下来，可能才会加大对普通学科的重视。

有没有撤销？我想一想，自我入学以来，我倒是没有听说过，但是呢，在一些学校的活动里面啊，比如一些公开的活动里面，比如体育赛事什么的，我总是能感觉到□□□□学科部强大的存在。就是学校不管是在明的层面还是暗的层面，都对□□□□学科进行一个强大的支持。但是自我入学，这几年中没有听到过学校撤销普通学科的做法，应该是没有撤销。

4. 据您所知，咱们学校在"双一流"建设中为普通学科提供过什么条件和支持保障？学校为普通学科专业有哪些解决困难的行动？

普通学科我随便举个例子，比如说像□□□□学科，□□□□大学是有□□□□学科，还有一个□□□□学院，为这个普通学科它提供什么条件呢，它是每年的这个大学生□□□□节都是由□□□□学科这个学科来举办的，很隆重，也一定程度上呢，增加了这个学科的影响力。就是它确实会有一些普通学科，学校给予一些比如举办活动、会议的一种条件或支持保障。当然除了在这些方面的话，在一些比如评选什么奖啊，会适当给与倾斜，虽然说倾斜力度不大，但是会适当对这个普通学科进行一个考虑。

有哪些解决困难的行动，举个例子比如像研究生招生的时候，有个计划叫"少数民族骨干计划"，就是一种特殊的招生计划，像这种的话他们就会给普通学科名额的一种比较宽松的政策，就是为了普通学科能够继续发展下去，因为特别是一些普通学科的话，报的人少，报的人少的话学校如果再不给它增加一点招生的名额的话，它很难再继续生存下去，所以学校会对这个（有所支持）。另外一个方面是它会在招聘老师的时候适当降低一下要求。不像□□□□学科这种强势学科，要求发SSCI这种就很严苛的要求，因为教师需求大，普通学科教师需求就少，就在招聘方面它要求就会有所降低。

5. 在"双一流"建设中，作为学生有没有感受到明显的学科专业压力？据您观察，咱们学校关注到了普通学科专业的学生需求吗？学校为普通学科的学生提供了哪些发展机遇或条件？

是有学科压力。因为□□□□学科在招生的时候，特别是研究生招生的时候，不管是考研还是保研，对学生的要求比较高，被录取的学生都很优秀，它的分数线也特别高，这样会来自学生的压力，因为学生来读的是王牌专业，所以学生也是王牌学生，（所以）有来自于比较优秀的学生的竞争压力。第二个方面是来自于导师的压力，导师的话他是比较优秀嘛，□□□□学科部的老师都比较优秀嘛，他们要求也比较高，所以有来自导师的压力。第三个方面是来自于学校其他院系来的压力，因为学院它啊，其他院系会对你有所期望嘛，就说你不是□□□□学科部这种王牌专业，你得做出一点表率来，所以会有来自各方面的压力。另外的话，是来自校外的压力，在校外的话人家都说你是□□□□大学的，最好的□□□□大学，最好的□□□□学科，所以别人外校的人也会带来一种无形的压力。所以我觉得这个就是强势学科给我带来的这些压力。

学校是有关注普通学科学生需求的，但我认为关注力度不够。确实有学生向我抱怨过，像他们没有那么多的出国机会，没有那么多的保研机会，没有那么多读博的机会等等，确实有遇到过。

学校有关注，但是关注力度不够，甚至是没有关注过。几乎没有为普通学科的学生提供发展机遇或条件，对，就是很少很少，我认为可能对普通学科的老师有所提供，但是对学生这一块我估计没多少。所以我觉得普通学科的老师反而比强势学科得到更多的重视。

6. "双一流"建设已经四五年了，这几年咱们学校的"双一流"建设，作为学生对学校的认同或情感如何？

我认为这个政策会增进我的认同感，是很骄傲的。我是来□□□□大学之前"双一流"当时还没有嘛，我来的时候已经有了，首先有这个"双一流"建设就像是一个荣誉吧，自己的学科被评为"双一流"，而且在全国层面来说是"双一流"，就是说你是"双一流"中的一流，你是"双一流"大学中的一流，你肯定是比较有一种荣誉感。然后在这个读书的过程当中接触这个学科，对学生的接触，对老师的接触，对学院的接触，就是整个接触下来，我认为就是这个学科的评估，评为"双一流"是名副其实的，所以我对学校的认同和情感是加深了。我认为它是确实达到了"双一流"的这个评价的标准。

所以我对这个政策是持有一种积极的态度。而且它是一种动态竞争，国家也说了，先把目前一些已有的学科选出来，选出来之后它是一种竞争的，你好了你就继续保持，你不好了下面可能就评不上了，我认为这个挺好！我是希望学校能继续参与这种竞争。

7. 据您观察学生在咱们学校"双一流"建设中有没有作用？若有的话有哪些作用？学生在咱们学校"双一流"建设中的参与，包括给学校提建议和意见、参与学校的重要活动等，学校是否有相应的反馈？

我认为学生在这个"双一流"建设中是有作用的，对一些政策建议适当的纠正，反映细节的一些东西。像我的话，给学校的校领导发过邮件，给校长发了邮件，他有公布他自己的邮箱，就是校长本人的邮箱，不是那种校办的邮箱,所以当时我就直接给校长发了邮件,反映了我们"双一流"建设中有些存在的问题,而且校长当天还是隔天就回了我,回得特别快,后面就有相关领导联系我,具体提建议什么的,后来也得到了一定的落实。这是一方面,是我个人。另外一方面是咱们学校有学生会,学院也有学生会,然后学校和学院的学生会会定期的举办这种活动,每个院系会选代表,特别是学院层面,会把每个专业都会有代表,而且男女均衡、专业和民族均衡等等,然后共同给学校的"双一流"建设提建议,就是大家在这个□□□□学科建设当中有哪些建议啊或者有意见要提,大家都可以提,然后会有学校或者学院的相关领导参加,把我们所提出的这些建议进行记录,之后呢会进行改正,改正的过程当中还会进行一个反馈,就是他们这个东西做了哪些部分改进了,哪些东西还没做,哪些还存在困难等等,会给我们一个积极的反馈。

8. 您来咱们学校学习这个学科专业,你与学校的领导、老师、同学等有无距离感?学校"双一流"建设有无对您未来的学习或就业产生影响?若有的话有哪些?

我认为来□□□□大学是没有距离感的,学校的老师和领导都非常亲切,同学的话是每个专业都有一个小班的,小班的话会选班长或者班委,然后每个学期都会定期有班集体活动,然后老师的话,□□□□学科部基本上所有老师都有每周开"师门会"的习惯,所以每周都可以见到老师,老师也特别平易近人,有任何问题都可以向老师咨询。学校领导是每个学期至少有一次或者两次,通过学生会这种平台与学生代表进行一个交流,询问我们对学院一些对学科建设的看法,让我们提建议,所以我认为是没有距离感的。而且大家对这个学科认同感比较强,所以大家的凝聚力也比较强,就是达成了一个共识,就是咱们都是□□□□学科部的人,都是□□□□学科人,所以我觉得没有这个距离感。

我认为对我未来的学习或就业是有影响的。我先说积极的话,真正的是把自己从一个不是这个□□□□学科里面的人变成这个圈里面也就是这个领域里面,我觉得这个真的变化挺大的,在这个身份认同各方面变化挺大,特别是□□□□学科、所在的□□□□学科部给我提供了一个很广阔的平台，让我可以了解到这个国内比较前沿的这个□□□□学科的知识，甚至与这个国际的各个领域的大咖能够直接的交流，所以我认为有很大的积极影响。消极影响的话，就是□□□□大学在与其他学校的沟通中联系，做得还不够，这样会使我有一定的这种故步自封，就觉得自己已经做得很好了，但是其实去其他高校特别像其他一流大学那种联系做得不够。会对我们这个视野的开阔会带来一定消极影响，我还是希望这种沟通交流的，就是既要做到竞争，合作也要继续，就是现在这两所学校包括，□□□□大学和□□□□大学，和比它□□□□学科院弱一点的学校，合作相对少一点。所以我认为有消极影响。

就业的话是以我同学为例，如果他们是去考博的话，有些博士（学位点）会要求学校是"双一流"大学或者学科要是"双一流"学科，而我们这个□□□□学科呢，又是"双一流"中的一流，所以在考博的时候就有优势了，能达到人家的要求。如果去工作了，学校和专业又是"双一流"学科，又是□□□□学科，是比较强势的比较厉害的学科，对就业也是有积极影响。我深造的话，因为大家都知道□□□□大学这个□□□□学科厉害嘛，刚好它又被评为"双一流"，就像黄袍加身，本身实力又好，国家又对它认可，所以人家就觉得你是来自于□□□□大学的□□□□学科，就一定程度上就觉得培养质量是高的，就会在一定程度上得到认可，在认可的同时就认可了□□□□学科自身的实力，所以也是有积极的影响。

对未来学习的话，特别是"双一流"建设，因为它是优质的校友资源，一般说优秀的学科的话都会带来些优秀的校友资源，以后我在这个学习、就业当中会碰到，特别在□□□□学科这个圈子里会碰到很多来自于□□□□学科毕业的学生或者是老师，对我就业和学习是带来很大积极影响的。

9. 学校的"双一流"建设之后，您会为学校未来的发展、对他人、对社会有无奉献的想法？若有的话，您会有什么样的想法？

我会有，因为当时学校"双一流"建设还有包括这个学科成为"双一流"的话，比如我们在享受一些"双一流"带来的好处，里面也有一些基本要求或者基本的原则性要求。就是现在应该是什么样，以后应该达成什么样，获得了"双一流"带来的好处以外，我觉得我会对他人对社会可能没有什么，但对学校未来发展的话，我觉得我还是会有种奉献想法，就是我会持续的关注学校的"双一流"建设情况，就是看能不能自己为学校"双一流"建设提供建议也好，或者是间接的贡献等等，就是添砖加瓦的形式，我觉得我还是会继续奉献，因为我刚才已经说我对这个学校"双一流"建设是有一个强烈的认同感，而且这个认同感是越来越强，那种感觉从来没有被抹去过。

10. 通过学校的"双一流"建设，您对自己现在或未来设想等各方面的要求是否提高了？

我认为是有改变的，就是在学校一开始这个学科，它是"双一流"建设就会给一个心理暗示，你所在的这个学科是"双一流"，你的学校是"双一流"，你这个院系是"双一流"院系，所以你就是给了一个积极暗示，就说你差不了，它也不能差了，给了我一个极大的这种心理暗示，所以我对自己的现在或者未来这种设想各个方面肯定要提高，我一定也是要按照这种一流的要求来要求自己，一流的学科肯定有一些相关的要求，它要一流的学生，一流的师资等等。所以我也有往一流的学生去进步，所以我就觉得对我的要求也是提高了，因为我争取不给学校拖后腿，不掉队，而且力争上游。

11. 作为学生，您对咱们学校"双一流"建设还有哪些建议和意见？包括普通学科建设、普通学科学生的需求等方面。

第一点我认为就是现在这个动态竞争没做到，更多的还是那种惯性的，就是谁先获得了这个"双一流"优势学科，或者说进入到"双一流"的学科，那么想再打破现有局面是很难的，就是说原来是普通学科再变为"双一流"学科，我觉得很难，就学校的动态竞争这方面做得不够。对，就是"抢滩"了，现在已经是一种固化，已经对一些优势学科进行一种倾斜，导致普通学科很难再扭转局面，所以我觉得动态竞争做得不够，就是给一些普通学科的这个资源倾斜（做得还不够）。就是好的，越来越好，差的越来越差。第二点是对于普通学科的学生、新生的关注以及学生建议的关注不够，可能有一些普通学科也关注到"双一流"建设，发表建议或者在学校邮箱提意见，但是没有得到积极回应，所以会导致普通学科的学生对学校的认同感降低，对学科的认同感降低。另外一方面得不到学校的重视，以后的这个就业以及学习也会受到影响。

访谈逐字稿（S08）

访谈对象编号：S08
访谈对象简介：丁同学，F大学硕士研究生三年级
访谈对象学科：电子信息，未入选"双一流"
访谈具体时间：2019年5月20日
访谈具体形式：面对面访谈

1. 您是如何看待咱们学校入选"双一流"的？您觉得学校对您就读的学科支持情况如何？

我觉得□□□大学入选"双一流"，这个东西应该是没有什么悬念的，因为一开始□□□□大学就有所谓的入选学科，本来□□□□大学的入选学科就是□□和□□这两个学科。之前一直被誉为□□黄埔嘛，就是这两个学科。以前没有"双一流"的时候，就叫重点学科，现在有了"双一流"，就是也顺理成章的入选了，因为这两个学科足够强，也顺理成章的入选了"双一流"，我觉得这也是没有什么悬念，是正常的。

我就读的学科是□□工程，这个学科是分了两个部分，强电与弱电结合的这种模式，所谓强电，就是咱们入选"双一流"的□□工程；弱电呢，就是另一方面的电子信息类的一些东西，然后我读的这个学科就是□□方面占了差不多百分之六十方面，我们上的课跟□□学科的课差不多是一样的，所以也是由□□（强势学科）的老师来教，他们不仅教我们，也教那个正常的□□（强势学科）的课，所以这一方面我们就相当于受到了（支持）。就这百分之六十的部分受到了算是"双一流"学科的培养，算是有这个师资来培养的，我感觉还是不错的。

学校领导还是挺重视的，可能我觉得是因为有一部分是□□学科的

部分吧,学校领导担心我们这个专业,因为名字不是"□□学科"嘛,就担心我们这个专业就业有问题,没法像□□学科(强势学科)一样就业,所以学校领导特意的去国家□□公司那边给他们声明说,我们这个专业和□□学科(强势学科)一样要算在里边,所以我觉得这应该是学校领导对我们这种学科的一个支持。

2. 您觉得在"双一流"建设中,学校对所有学科专业在各类资源分配上是否公平、公开或者是有倾向性的支持?

公开的,但是公平的话还是有倾向性,但是也无可厚非,毕竟你强的话做的东西要深,所需要的力度、资金啊或者是什么实验室或者人才,就从人力、财力、物力方面都得要支持他们往深做了,对吧。学校在做宣传时,一般会拿"双一流"的入选学科□□方面举例子。

3. 学校的强势学科是否会对学校的普通学科产生挤压?咱们学校在"双一流"建设中有没有撤销普通学科专业的做法?

也是有(挤压的),我最直观的一个方面,就是学生的倾向性,我们这个专业保研的都倾向去报□□"双一流"学科,这个就相当于优秀生源都往□□强势学科那边倾斜,这样(名额)就少了。

撤销的话,我记得撤销过一个好像是□□管理类的一个学科。

4. 据您所知,咱们学校在"双一流"建设中为普通学科提供过什么条件和支持保障?学校为普通学科专业有哪些解决困难的行动?

保障好像是有,但是我没什么了解。就是就业的问题,最近有个学校领导去□□公司做声明的支持,对就业说,它(这个行为)这个挺重要的,不然的话,这个专业(毕业)出来,绝大多数都能进□□公司,也是工程师,但是待遇没那么好。

5. 在"双一流"建设中,作为学生有没有感受到明显的学科专业压力?据您观察,咱们学校关注到了普通学科专业的学生需求吗?学校为普通学科的学生提供了哪些发展机遇或条件?

上的课比较难,这算吧?内容比较深,学校对这个□□学科(强势学科）方面的要求挺高的，然后当然，这个学校进□□学科的学生应该是学习都不差，而且是抱着一种想学好，学好了我自豪这种态度来学这个学科，所以他们普遍成绩和基础都很好。

好像是没有太关注我们这个没有入选学科学生的需求，学校主要把这个方面的关注点放在了入选的学科那个方面吧。支持的话就是在就业上的协调，这个算是一个支持力度非常大的事。

6. "双一流"建设已经四五年了，这几年咱们学校的"双一流"建设，作为学生对学校的认同或情感如何？

学校入选"双一流"，我还是挺喜欢这个学校的，但是有时候会有点遗憾，我还是很看重这个，是我（的学科）没有进入到"双一流"，我觉得还挺遗憾的。我如果能进入的话，我就更高兴，可能更高的要求自己。如果我是□□专业（强势学科）的话，我会更喜欢这个学校。我觉得在一定程度上是有影响的，如果当时学的是入选学科的话，我就会更喜欢，我会更努力的去学习和生活，事实上是一种对我自己的激励。

7. 据您观察学生在咱们学校"双一流"建设中有没有作用？若有的话有哪些作用？学生在咱们学校"双一流"建设中的参与，包括给学校提建议和意见、参与学校的重要活动等，学校是否有相应的反馈？

应该是有作用的，咱们学校的学生都挺优秀的，他们做的研究方面，一般来说，跟着自己的老师干活什么的，帮助老师、辅助老师。也有给学校提过建议，我知道的是，关于生活方面的意见，有过就往校长信箱说发邮件这种形式。重要的活动的话，校庆算是一个整个学校都活跃起来的活动，也有给学生的福利，比如说一顿免费的午饭什么的。对于我们提的意见，有部分（学校）是给反馈了，有部分就石沉大海了。

8. 您来咱们学校学习这个学科专业，你与学校的领导、老师、同学等有无距离感？学校"双一流"建设有无对您未来的学习或就业产生影响？若有的话有哪些？

感觉是有一点跟同学们之间的距离感。老师、领导都很亲切的，跟同学们，感觉自己还是与"双一流"的同学比还是差了那么一点儿，矮了半头。感觉他们就业比我们的专业好，还有包括交换生，交换生这个都指名要"双一流"学科了，举个例子，他们都指名要□□学科的（学生），但是就不要我们这种。我也没主动争取过，我不知道别人有没有。

（产生影响的话）对我的学习就业没什么影响，对他们"双一流"学科的（学生）肯定会有影响，就更好找工作，归根到底就是一个找工作。我想进入到这个"双一流"，我给自己的规划就是毕业，然后找找工作这样，但是现在有了这个"双一流"的话，我就想因为以前即使这样出去工作的话也算是个211（大学的学生），但是现在说"双一流"的话，如果能继续往下读（深造）的话，能回归到这个"双一流"学科里边，如果能进入到这个入选学科里面去，可能会更激发我的斗志。

9. 学校的"双一流"建设之后，您会为学校未来的发展、对他人、对社会有无奉献的想法？若有的话，您会有什么样的想法？

有过为他人奉献的想法，但是都是以我自身情况比较好了的情况下，我会反哺这个学校。比如说捐钱啊，但那前提也是要等我挣了钱或者有了比较好的工作之后。

10. 通过学校的"双一流"建设，您对自己现在或未来设想等各方面的要求是否提高了？

事实上，我觉得还是挺想去尝试继续读（书），进入到入选学科，是知道"双一流"之后（才有的想法），有这个的话，咱出去找工作是不是就不一样了？

11. 作为学生，您对咱们学校"双一流"建设还有哪些建议和意见？包括普通学科建设、普通学科学生的需求等方面。

我觉得不仅要加强已经很优秀的"双一流"学科的建设，也要适当的提一下，就是帮助一下普通学科。比如说科研经费的支持、一些实验室配套设施的支持。

访谈逐字稿（S09）

访谈对象编号：S09

访谈对象简介：方同学，G大学一年级博士生

访谈对象学科：电气，入选"双一流"

访谈具体时间：2019年5月11日

访谈具体形式：面对面访谈

1. 您是如何看待咱们学校入选"双一流"的？您觉得学校对您就读的学科支持情况如何？

我觉得特别的骄傲，就是学校入选了"双一流"，刚好自己也是这个（强势）学科的人，然后对未来充满了憧憬。我觉得我们学校的这个专业入选"双一流"其实是很理所当然的事情，因为这个专业其实一直以来都排在前面，然后包括当时来这个学校的时候，□□□□学科是国内高水平之一，就□□□□大学、□□□□大学、□□□□大学、□□□□大学，当时□□□□大学特别的有名，所以入选"双一流"是实至名归的。

支持力度是非常的大，我觉得学校领导特别重视□□□□学科的发展，我们学校的两个院士，最大的□□□教授，他就是□□□□学科的，所以□□□□学科的发展就是一直以来都是非常好的，这个就是无法撼动的。

2. 您觉得在"双一流"建设中，学校对所有学科专业在各类资源分配上是否公平、公开或者是有倾向性的支持？

我觉得没做到。公开是挺公开的，但是公平、公正还是很难做到。我之前也听说□□□□学院的老师会抱怨很多资源都在□□□□学科那里，他们薪资待遇什么的都比□□□□学科的差太多了，□□□□学科的课题也是特别多，工资方面、评职称也是比别的院都容易。

3. 学校的强势学科是否会对学校的普通学科产生挤压？咱们学校在"双一流"建设中有没有撤销普通学科专业的做法？

会有挤压，就是资源方面的侵占，比如说一个老师想来这里工作，肯定就是冲着□□□□学科来的，肯定是不希望说自己被分配到别的学院，这种就相当于更挤压了。

4. 据您所知，咱们学校在"双一流"建设中为普通学科提供过什么条件和支持保障？学校为普通学科专业有哪些解决困难的行动？

我觉得就是就业方面还是会尽力的去保障，会去利用学校的能力去让绝大数学生都能找到好工作，这方面肯定是保障的，毕竟是"双一流"的学校，学校去做宣讲会，我们学校都是找那些公司过来，帮助学生就业。特殊待遇好像没有。

5. 在"双一流"建设中，作为学生有没有感受到明显的学科专业压力？据您观察，咱们学校关注到了普通学科专业的学生需求吗？学校为普通学科的学生提供了哪些发展机遇或条件？

我们这强势学科肯定是会有的，包括说毕业要求肯定也是会更高一些，跟其他的普通学科不一样。硬性要求是一样的，但是论文的质量上肯定是要更高。

生活方面是同等待遇的，大家住的地方都一样。教育方面需求的话，我觉得□□□□学科也没什么需求了，基本上大部分的都做得很好。比如出国交换的机会，强势学科的机会更多，包括全额奖学的名额也比较多，有一些学科是基本上没这个机会，基本上强势学科才有机会去国外交换。

6. "双一流"建设已经四五年了，这几年咱们学校的"双一流"建设，作为学生对学校的认同或情感如何？

我觉得认同感会增强，一方面是自豪感，我觉得归属感确实会更强，感觉我接触所有的老师的（机会）也会更多，学习到的东西也会更多，当然相应的要求、压力也会更大。

确实还是会稍微骄傲一点，毕竟这个是属于国家层面的认可，国家评的头衔，肯定就比单单只是一个所谓的强势学科来的更高级一些。

7. 据您观察学生在咱们学校"双一流"建设中有没有作用？若有的话有哪些作用？学生在咱们学校"双一流"建设中的参与，包括给学校提建议和意见、参与学校的重要活动等，学校是否有相应的反馈？

强势学科的学生一般都特别优秀，也是会有组织很多活动，当时我记得是有一个学长联络到各个高校的"□□□□学科联盟"，在里面做会长这个职位，带动了整个行业的发展。普通学科跟强势学科之间对比的话，强势学科做出的贡献会更大一些，这个是必然的，因为强势学科的人数也多，招生指标也大，自然优秀的人也更多。包括学术的贡献，也是会远远的大过普通学科，差别是很大的。强势学科的学生会代表学校，包括去参加一些像中央台的一些节目，我记得在五楼那边就有宣传，比如"一站到底"那种活动，也确实挺为学校争光。

学校会有反馈。我觉得提意见这个强势或普通学科去提的效果是一样的，不会有太大的差别，因为我们给校长提意见一般都是匿名。

8. 您来咱们学校学习这个学科专业，你与学校的领导、老师、同学等有无距离感？学校"双一流"建设有无对您未来的学习或就业产生影响？若有的话有哪些？

没有距离感。我在蹭□□□□学科的课的时候，我就觉得是一个很温馨的气氛，大家很团结，老师下课也不会马上走，我们问问题老师就一直在那里，大家交流也很好，老师都对学生特别好，有这么好的老师让我觉得非常幸福。在□□□□学科和□□□□学科就没有这么强烈的感受，两边对比的话，就是强势学科老师明显更好，也更耐心，更愿意教知识。

评选"双一流"之后，学校在整体的就业形势上确实是更好了，去年我了解到的情况，比如说之前□□地区的□□□□单位特别难进，但去年包括□□□□学科的研究生毕业的时候，只要是前五十的学生都可以免签直接进，虽然是沾了建校六十周年的光，但是"双一流"（身份）也是功不可没。

就业前景更明亮了，但是自身的学习态度跟"双一流"没有太大关系，我觉得前后就是在教育方面有变化，学校还是一样没有发生太大的变化。我是个很容易受环境影响的人，如果环境有所变化，我自己个人也会相应的有变化，环境变化不大我也变化不大。

9. 学校的"双一流"建设之后，您会为学校未来的发展、对他人、对社会有无奉献的想法？若有的话，您会有什么样的想法？

奉献的想法肯定是有的，很希望自己以后比如说有一个什么创新，也能发几篇核心期刊论文，比如说□□□方面包括现在的□□□□学科，可以提高科研质量，更智能化。就是希望自己有一些成果，有一些创新性，能有一些别人没有的成果，贡献给国家。

10. 通过学校的"双一流"建设，您对自己现在或未来设想等各方面的要求是否提高了？

之前就是想就业，没有更高的想法，没有很强烈的欲望，学校变得更好之后就觉得学校也变好了，自己在学校这个环境的衬托下有希望可以变得更好。所以自己的要求提高了。行动上，看论文的状态会更投入，以前可能看一个小时，玩两个小时，现在投身科研的那种热情更高。

11. 作为学生，您对咱们学校"双一流"建设还有哪些建议和意见？包括普通学科建设、普通学科学生的需求等方面。

我觉得不仅仅是□□□□学科，也可以是学科之间互相的结合，比如说我们强势学科现在很时兴的，就比如说□□□，□□□包括是□□□□学科方面的发展，也可以与□□□相结合起来，糅成一个更大一点的学科，就是集百家之长。你不能说□□□□学科就是传统的那个□□□，包括□□□□学科的保护，也可以融入他们的特点进行发展。所以希望学校可以把这几个专业在合并成一个融百家之长的大学科，这样的话也是依托强势学科，拉动了普通学科的发展。

访谈逐字稿（S10）

访谈对象编号：S10
访谈对象简介：段同学，H大学博士研究生一年级
访谈对象学科：教育学，未入选"双一流"
访谈具体时间：2019年5月7日
访谈具体形式：面对面访谈

1. 您是如何看待咱们学校入选"双一流"的？您觉得学校对您就读的学科支持情况如何？

我们学校入选"双一流"大学，我认为是毫无争议的，因为□□大学历来都是在各个排行榜里面，都是排在全国前几名，所以它入选"双一流"大学是毫无争议的，它不管是这个综合排名方面，还是光是工科排名，他入选是毫无争议。另外，它有些学科比如像工科啊，像目前我们现在所知道的管理学学科。这些入选"双一流"也是我觉得毫无争议，无可厚非的，因为强大的实力嘛，就像一个航空母舰一样，它的综合实力，还有每个学科实力是非常强的。我的学科没有入选"双一流"学科，在最近的一次学科评估里面只排到了B+，在全国可能有□□学科专业的学校里面已经排到了十名左右，甚至十名以后，目前比□□□□大学的□□学科以及□□□□大学的还要低，□□□□大学与□□□□大学的□□学科是A-，就是□□大学连A都没有，所以我认为像刚才说的学校对我们学科的支持情况，我觉得不好。这里我还是有很多话想说的，先说的是硬件方面的话，我们学院是低于高精尖，我们只有一层楼，研究院只有一层，而□□□□大学□□学科院是有一幢楼，然后呢，□□□□大学□□学科部也是一幢楼。我们也是独立的学院，但是我们学院只占了一层楼，还有□□学院跟我们是独立的，各是各的，不像□□□□大学□□学院，所以硬件设施不行，有学院的阅览室，但是没有学院的图书馆，没有□□学科图书馆。学生要查看□□学科方面的书就很难，就只能去图书馆，然后又没有这种学院层面的讨论室，或者像这种像□□□□大学□□学科每个博士都有一个小的自己的

办公室、办公桌，没有□□学科院。反正还有很多（不足）吧。学校领导的话，我觉得也不是特别重视。我认为这个咱们□□大学的□□学科就是一个衬头（衬托），只是为了给学校能为了达到那个"综合性"这个说法，综合性就是现在国内好多这种综合性院校都是想往这种什么学科都有这种（形式），就让它多学科综合性发展，所以我们□□学科只是一个陪衬，只是为了达到这个学校实现综合性大学目标这个（的）陪衬。比如□□大学有□□学科，□□大学有□□学科，综合性排名比较高的学校里面都有□□学科，□□□□大学不能没有，所以我觉得是一种功利的角度，我认为不是特别重视，如果它重视的话，肯定会入选"双一流"学科，它在这个□□学科评估里面至少有个 A-。我认为学校是有能力、有实力，也有这个办法让这个□□学科更高更强，但是没有去做，"非不能为也是不想也"。所以学校也没有这种政策支持。目前我所知道的，我举一个比较实际的例子，现在学校是想把□□研究院改成□□学科院，完了学校就卡我们，它就卡这□□研究院了，让□□研究院对其他学科进行一个评估，因为这个评估容易得罪人，说哪些学科该不该撤或者该不该怎么样，学校根据这个学科的评估来给予资金的支持，所以这种要求其实是很无理的要求，所以□□研究院也不愿意做，这事就干不下来，学校会给一个比较难以实现的目标，在中间挖坑或者不是推进而是后面拉你，挡着不让往前面发展，所以我觉得也没做到这种政策支持，而且像其他院系的话，学校领导经常会去，但是我们学校的校长只来过，据我所知，就是近三年以来或者五年以来，学校领导只来我们学院视察过一次，我们学校的□□学科专业是被当成一种行政的工具，可能会有一些活动需要涉及到□□学科让你参加了，但是不从这个学科自身的发展，不从育人，培养人才的角度主动去支持，从来没有主动去支持。

2. 您觉得在"双一流"建设中，学校对所有学科专业在各类资源分配上是否公平、公开或者是有倾向性的支持？

我认为是有很大的倾向性支持，不公开、不公平。首先倾向性支持，像我们现在所知的工科，指的是老牌专业，就肯定要有所倾向。第二个呢，对于现在我们说这个经济——经管学院，刚才那栋楼你也看到了，□□□□学院还有□□□□学院，全是一大栋楼，□□□□学院也是一大栋楼，还有刚才（路过的）□□□□学院，也是大栋楼，它（学校）的强势学科，是给予强烈的支持的，□□□□学院跟□□□□学院，特别是□□□□学院是有强大的校友作为支持的，比如□□□□学院的院长是□□□。但像我们这种普通学科，像□□研究院什么的，就没有这么大的支持，不管是硬件方面还是软件方面，还有刚才我忘记说了一点，就是其他院系的师资队伍庞大，都是几十个人，是上百个人，但是我们□□院就十多个人，老师少，就代表学生少，干的活就少，或者也干不了什么大活儿，是处处受限。是否做到公开和公平，我觉得也没有。特别是学校在建设学校的过程中，对一些学科的支持方面，也没征求过学生的建议，甚至好多事都是实现了之后学生才知道，所以我认为没做到这个公平公开。

3. 学校的强势学科是否会对学校的普通学科产生挤压？咱们学校在"双一流"建设中有没有撤销普通学科专业的做法？

我认为是有很大挤压的，我们学生向学校提建议的时候，学校总会说，你是我□□大学的学科，但你又不是"双一流"学科，你给我们一个支持你的理由，就是这么明确的讲。为什么学校发展慢，就是好的越好，坏的越坏，第一次没评上"双一流"学科，以后就很难了。学校领导就会说你都没评上"双一流"学科，我凭什么给你支持？或者它（学校）会来这么一句：等你以后评上了我会给你相应的支持，但是这是个死循环，你不给我我就不能评，你不给我评了它就（不给支持），所以我觉得会给我们带来一个强大的挤压。以我们学科为例，我觉得暂时没有撤销学科的做法，也没有这个苗头。因为□□大学不想改变这个综合性质的道路，虽然不重视，但是也还没到要撤销的程度。因为综合实力强大，经费也强大，所以暂时还没有到必须要撤销普通学科的做法。

4. 据您所知，咱们学校在"双一流"建设中为普通学科提供过什么条件和支持保障？学校为普通学科专业有哪些解决困难的行动？

第一个先说说软件层面，给我们引进新的长江学者□□□老师。增大了我们的师资力量，扩大我们这个学科或者学院在整个学校层面和全国层面的影响力。□□研究机构有长江学者是比较难得的。另外一方面，学校在参加最近比较热的□□大学联盟，关于这种学科层面的都会让我们□□研究院积极参加，参加关于□□学科、关于大学的研究和实践当中来。另外现在我们每个学生都有一个海外实践，会提供着类似的保障。

学校也有校长信箱，而且是每个层面都有校长信箱的，学院有学院信箱，学校有学校信箱，校长有校长信箱，但是这个信箱是针对所有学科的，而针对普通学科的，因为我来的时间不长，我目前没有感受到。比如说师资，没有解决这个问题，甚至还有提高要求，就逼老师走，因为现在学校为了提高排名嘛，这种整体的排名，学校把所有的压力就下放给老师，老师已经不是终身制了，要三年一聘或者五年一聘，所以得出成果，比如英文期刊要发多少篇。这个情况对普通学科的教师要求更高。

5. 在"双一流"建设中，作为学生有没有感受到明显的学科专业压力？据您观察，咱们学校关注到了普通学科专业的学生需求吗？学校为普通学科的学生提供了哪些发展机遇或条件？

有感受到压力，应该是感受到来自于强势学科的压力。这个"双一流"对我们普通学科的压力，特别是参加一些学校活动，最明显就是他们队伍庞大，□□研究院就这么几个人，人家都是几十个人，而且老师（队伍）庞大，他们活动多，最明显，我感受最大的亲身经历，他们讲座多，而且都是名人的讲座，比如大师级的讲座，而我们讲座少啊，我们都是找很普通的人来讲座。但事实上□□大学这个地位要请一位大师来是不难的。刚才我就说了，学校不是不能做，而是不想做，各方面没有这种想法，这是学校层面。学院层面也没有意识到，没有去积极的、主动的采取行动和付出实践，把咱们这个学院、学科实力给提高。（那像你们这种需求，你们有向学校反馈过吗？）有反馈，而且学院这个学期就有一场新生的建议或者反馈的会，是面谈的，跟学院的副院长见面的，但是学院没有站在学生的角度去解决问题、去思考问题，而是把这个学生们反映的问题，以所谓合理的理由给化解掉，所以我认为学校是没有关注到我们这种普通学科学生的需求，不仅学校没关注到，学院领导也没有关注到。没有真正的从学生的角度来思考，如何把这个学科目前所存在的问题给如实的去解决，现在没有做到。

（机遇和条件）我认为现在太少了。最明显的是，现在我们这个"联合培养"，就是出国联合培养的名额特别少，出去的机会很少，另外在找工作的时候学校对普通学科没多大重视，找工作不好找，虽然是□□大学，但是在这个常态情况里面，学术成长又没那么快，在行业内的认同度也不是很高，侵入程度不高，导致一些学生学术产出各方面产出也不是特别高，所以我认为（学校）没有提供发展机遇和条件。

6. "双一流"建设已经四五年了，这几年咱们学校的"双一流"建设，作为学生对学校的认同或情感如何？

我认为我对学校的情感和认同感是比较深的，因为学校以前是211，后来是985，到目前又是"双一流"，前面还有全国重点大学或者C九高校，是一种称谓更是一种荣誉吧，我认为我对学校的认同感是越来越强的，越来越强，还是蛮骄傲的，是积极的态度。所以我还是希望学校能持续进入这种"双一流"建设当中的，因为只有进入到这个里面，我们才会进入到一个良性循环。目前我对学校对待普通学科的态度很失望，但是没丧失过希望。

我的学科没有入选，学校支持情况也不是特别高，一定程度上会影响我对学校的认同或情感，但是我不后悔来□□大学，我还是会对□□大学有一个很强烈的认同感的，当然刚才说这里的□□学科不是特别好，但是它是相对来说的，在全国层面来说，它还是属于算中上层面，只是说，我觉得还有更大的上升空间，还有足够大的实力和能力去把这个名次，还有一个自己的综合实力等方面再去做一个提升，这更多的是抱着一种期望吧。

7. 据您观察学生在咱们学校"双一流"建设中有没有作用？若有的话有哪些作用？学生在咱们学校"双一流"建设中的参与，包括给学校提建议和意见、参与学校的重要活动等，学校是否有相应的反馈？

我认为学生在这个里面是有很大作用的，特别是□□大学是跟其他学校不太一样，□□大学还成立这个研究生咨询委员会，是全部由研究生来组成，是上传下达，直接跟学校领导进行联系，然后把学生反馈的建议、意见向领导反馈，这是一方面。另外一方面就是每个学期，学校领导会定期举行学术沙龙，会发布在学校的主页上面，同学们可以报名，报名的话，学校会根据同学们反映的建议进行筛选，然后选一些学生代表，和学院领导还有校长和书记进行直接的沟通，让学校对这些意见和建议进行一个及时反馈，我觉得这个方面做得比较好，而且最明显的是在每学期的课程评价里面，学生发挥很大作用。这个老师好不好，是好课还是水课，学生都有权利进行评价，如果是上得好的课，学校进行奖励，如果上得不好的课，老师要被惩罚。就从学生的角度来提升学科质量，我认为学生的作用还蛮大的。

8. 您来咱们学校学习这个学科专业，你与学校的领导、老师、同学等有无距离感？学校"双一流"建设有无对您未来的学习或就业产生影响？若有的话有哪些？

我认为有距离感，因为学校领导、老师、同学，特别是学校领导跟老师很多都有工科背景，他们思维是工科思维，所以对于我们这种来自于□□□类大学的学生可能会有偏见或者主观的臆断，希望我们按照这个（去做），强行让我们改变，让我们把以往的思维惯性给扭转过来，按照□□大学惯性培养，要老老实实的，别太活跃，别太积极思维，所以我认为跟老师跟领导会有距离感，而且刚才我已经说了，特别是提了一些建议给学院老师，它不受重视，不受重视就会有所疏远，就觉得自己没有受到重视。跟学校领导呢，就会觉得这学校领导是一种高高在上的感觉，又特别是□□学科的，领导对学科不重视，对学生就更加不重视。同学之间更有距离感，因为有些同学本硕就是□□大学的，自身有一种优越感，就算进了普通学科也有优越感，而别人是来自外校的，这种学生觉得一般，瞧不起你。每个同学之间也有距离感，因为每个同学从本科就树立一种竞争文化，来□□大学大多数是通过这个保研来的，哪怕是考研，也是通过竞争，考了非常高的分数，要过关斩将挺不容易，所以学生之间更多是充满竞争的意识，没有合作意识，所以距离感非常强。表面上非常和谐，但其实暗地里竞争，没有凝聚感和热情的氛围。而别的学校就很不一样，看到一些人情味在里面，我觉得□□大学的人情味不是很高。在□□大学里面就只干事，不谈关系。只关注于事情，老师跟学生，学生跟学生，只讲事情不谈关系，也不说你请我吃一顿我请你去逛逛街什么的，所以我认为这个距离感还是很强的。

我认为对自己的学习或就业还是会有影响，特别是像学科没有评上"双一流"的话，以后在找工作的时候，就很尴尬，人家会觉得虽然来自□□大学，但是这个学科不是特别好，地位很尴尬，就业单位可能宁愿要一个名次、综合排名比□□大学低，但是学科比较厉害的学生，比如说（要）□□□□大学□□学科的，可能招聘国外的或者是招聘□□学科科比较厉害的。所以我认为会对就业带来一定影响，是消极的影响。另外校友资源也会受影响，根据我的经验，我们已经毕业的师兄师姐学术成果也不是特别多，他们可以去的单位很少，所以到以后找工作的时候，我所认识的校友资源的质量就不会特别高，所以我认为会带来消极的影响。积极影响的话，我觉得学校是"双一流"大学，而且是"双一流"中的头牌，会给我带来积极影响，毕竟作为□□大学，很多学校在招聘博士的时候还会是会看一下，身份、地位还是挺高的。

9. 学校的"双一流"建设之后，您会为学校未来的发展、对他人、对社会有无奉献的想法？若有的话，您会有什么样的想法？

从学校层面来说，如果学校是"双一流"的话，我对学校会有更多的认同感，会积极参与到学校建设里面，有建议的话会及时的跟学校分享，会积极的去表达意见。学院层面的话，我也会如实的去反映，学院领导在"双一流"建设里面存在哪些问题，会如实的进行反映。所以我认为这个"双一流"建设，在学校层面就是认同感会更高，我会有奉献的想法。对他人与对社会的话，因为我们是在这个□□大学，"国之栋梁"的色彩会浓一点，社会参与感很重，我觉得会对他人对社会有更多奉献的想法，会想着为国家做点什么，为民族做点什么，为社会做点什么。比如我想着毕业后能为西部教育做点贡献，但是不会停留在支教层面，我觉得这太初步了，具体我也还没想好，因为我自己是西部来的，所以也有一点想为家乡做贡献的想法，同时学校也有这种氛围。

10. 通过学校的"双一流"建设，您对自己现在或未来设想等各方面的要求是否提高了？

我认为要求是有所提高的，特别是学校进入"双一流"建设，这本身就是学生的荣耀，也是一种责任和压力，所以我觉得我会努力的在这几年间，并且在未来更加努力，让自己能够称得上一个"□□大学人"或者是□□大学学生的一个身份，不丢学校的脸。在学院层面，因为我们学科没评上"双一流"，所以我就会通过自己的努力帮助学院以后评上"双一流"，应该对自己要求更高一点，更高一点的话，以后才不会让自己带来负面影响，我觉得各方面要求会更高，而且只会高不会低。

11. 作为学生，您对咱们学校"双一流"建设还有哪些建议和意见？包括普通学科建设、普通学科学生的需求等方面。

第一点就是我认为学校要弄清楚自身的定位：到底是综合性大学还是工科大学，到底学校是真正去建设工科特色的学校，还是要建设综合性大学，我认为现在学校是在一种迷茫状态，觉得自己是综合性大学，但是我们看上去好像又不是，好像是工科院校，但是你说它是工科学校，却也有文科建设。□□大学在招生简章等上面都说自己是综合类大学，但这只是说说而已，我觉得是怎么说的就应该怎么去做，能够配得上这个定位。第二点刚才提到了，就是学校"双一流"建设里面要增强学生、老师跟学院这个方面的凝聚力，增加学生与老师之间的交流，增加学生与院系的交流，特别是普通学科，我认为他们的存在感太低了，要增强普通学科的存在感，我觉得这一点也很重要。第三点，我认为普通学科要加大对学生的要求，而且应该与时俱进，要与国际接轨，看一下国际上是对学生怎么要求的。如果要普通学科有所发展，必须要大于或等于目前为止的要求。我觉得学校这一方面做得还不够。另外，在硬件层面上，能不能想想把硬件，不管是学习空间还是生活空间再有所扩充。真正的给学生有一个更好的学习、生活空间。另外一方面是不是能够再加大学科的专业设置。现在只有三个专业，□□学科、□□学还有□□学。看能不能再增加相关的专业，并且再配套增加相应的老师，真正的提高院系的综合实力。只有量变才会引起质变。

我们具体需求的话有很多。第一个方面，讲座能不能再增加一点，我觉得讲座太少，而且大咖讲座也很少，学校是完全可以做的，甚至学院的研究生会就可以做这项工作，但是他没有做。另外一方面是能不能增加已经毕业的学长学姐与现任学弟学妹之间的交流，让我们知道毕业以后，我们能去哪？我们可以去哪儿？我们现在面临的挑战是哪些？我们应该做哪些准备？第三点是能够给我们提供更多的学习机会，能多参加国际会议，我觉得现在太少。第四点是要明确学生的论文发表，到底是鼓励发表还是不鼓励发表，对这个学生发表有何要求？我们发表没奖励，去参加国际会议没有资助，比如说上次去澳门都自费的，学生找导师教或者自费，这方面很多内容没有明确。第五个方面，学院没有强大的文化，既没有学术层面文化，没有常规性的讲座，没有常规性的国际会议、沙龙、论坛等等。也没有文化层面的凝聚力，每年没有晚会啊，迎新晚会、聚会都没有，等等。